ROBERT GARIOC[H]
COLLECTED POE[MS]

ROBERT GARIOCH
COLLECTED POEMS

EDITED BY

Robin Fulton

First published in 2004 by Polygon
an imprint of Birlinn Ltd

West Newington House
10 Newington Road
Edinburgh EH9 1QS

www.birlinn.co.uk

ISBN 1 904598 07 2

The publisher acknowledges subsidy from

towards the publication of this volume

British Library Cataloguing-in-Publication Data
A catalogue record of this book is available from the British Library

Design by James Hutcheson
Typeset in Golden Cockerel by Koinonia, Bury,
and printed and bound in Great Britain by
Bell & Bain, Glasgow

Contents

Introduction

Robert G. Sutherland, Sutherland, Robert Garioch, Robert G., Robert G.S., Robert Garioch S., Robert Garioch (Sutherland), Robert Garioch Sutherland – as he variously signed off – not to omit 'Geerie', as he was sometimes called, was born in Edinburgh in 1909 and died there in 1981. He had a strong sense of belonging to Edinburgh, yet the middle period of his life, from the early 1930s to the late 1950s, saw him working as a teacher in the London area; and that period was in turn interrupted by war service, which, after his capture in North Africa, consisted of life as a POW for four years in camps in Italy and Germany. In a sketch of his formative years Garioch wrote:

> My father was a painter, like his father before him. My mother was a music teacher, before she was married. Her father was a company porter in Leith Docks, discharging bulk cargoes of grain. The metters and weighers tipped it into a sack which was placed on the back of the porter, who carried it from the ship across a plank to the shed. My mother used to tell me the full sack weighed two and a half cwt. My father's people had always 'belonged' to Edinburgh; my mother's were Mathewsons, hinds and grieves who circulated from one farm to another, never far from Kelso. My father was a violinist also, a fiddler, to use his own word, a semi-professional of the theatres and picture-houses; he would often come home from work to find himself required as a deputy, then he would clean himself and set off at a trot with his fiddle-case under his oxter, very pleased. My mother had taught the piano, also the mandoline and similar instruments. Miss Kate Mathewson's Mandoline Band was very popular.[1]

Another sketch, much shorter and not published in his lifetime, begins:

> The first thing I remember about growing up is dismay – when I realised that I had *stopped* growing ... I grew a little taller than my mother, then I had to admit that I had stopped, at just about five feet five, if I stretched my neck ... Five feet five, I've since discovered, is the very best height. Not too short, not too tall.

He also noted:

> Times were hard, and we knew it. I was five when the First World
> War started, and I grew up in a country suffering from terrible
> unemployment and poverty. I was lucky to be still at school, at my
> father's expense. He left school at twelve, to earn some money,
> because his mother was left a widow, and he wanted to give me a
> better chance of education than he had himself. I was growing up in
> a main door house in Bellevue Road, Edinburgh, and considered
> myself lucky because we were so well-off, and we had electric light,
> and I had a second-hand bike with an oil-lamp, and we were alto-
> gether rather posh. Don't scoff. There were boys in my class at
> school who could beat me at French and Maths, though not at
> English, who never had enough to eat.

Sorley Maclean recalled getting to know Garioch in the winter of 1939–
1940:

> He was then staying with his father in Bellevue. They were a wonder-
> ful pair with an unusual community of interests – artists, craftsmen
> and musicians with an unobtrusive mutual affection and loyalty –
> humorous, unworldly and unpretentious.

In conversation with Donald Campbell not long before his death Garioch
remarked:

> ... 109 Bellevue Road – the house is still there, quite a nice house.
> That was my background. Only I didn't go to Broughton, as you'd
> expect – I went to the Royal High. That was my father thinking he
> was doing his *absolute best*, you see.[2]

After attending The Royal High School (at that time occupying the famous
building on Calton Hill) he took his MA in English Language and Litera-
ture at Edinburgh University (his classes would have been in The Old Quad
and in Minto House, in adjoining Chambers Street). These were the
Depression years and career choices were limited, even for fresh graduates.
'I would have been no great shakes as a journalist', he confessed to Sydney
Tremayne (12 May 1975), 'having nothing but a prose style ... so I applied for
the Teachers' Training College, so late that I hoped I wouldn't be admitted
... I suspected I had got in on someone else's bribe, as throughout the
interview the tableful of Education Committee men kept calling me Mr
Somebody-else, and I was too shy to contradict them.'

He was not unhappy teaching in London but the strain of combining
schoolteaching and writing was considerable. His 'Repone', added to his

translation of George Buchanan's 'The Humanists' Trauchles in Paris', con-
cludes with the MORAL:

> Lat onie young poetic chiel
> that reads thae lines tak tent richt weill:
> THINK TWICE, OR IT'S OWRE LATE!

'But it is an awful strain,' he wrote to J. K. Annand (1 October 1955), 'this
Deacon Brodie sort of life, Sutherland by day and Garioch by night,
schoolmastering and making poetry being such different things, yet both
tiring you out ...' His letters of the late 1950s are full of plans for returning to
Scotland, but he knew that the problems of teaching and writing would
follow him. The façade of 4 Nelson Street, in Edinburgh's New Town, where
Garioch settled with his family, carries a plaque in his memory, but when
he moved to Edinburgh he was unable to find a post there and had to
commute to areas outside the city. Problems did follow him and in 1964, at
the age of fifty-five and before any pension was due, he left school-teaching.

After that, his livelihood, if not uncertain, was at any rate meagre.[3] He
worked part-time for the School of Scottish Studies at Edinburgh Uni-
versity, transcribing tapes and assisting in the collection of material for the
two dictionaries then in progress, *The Dictionary of the Older Scottish Tongue*
and *The Scottish National Dictionary*. He held the Writer's Fellowship at
Edinburgh University from 1971 to 1973 and in the last decade of his life he
was much in demand for poetry readings. He was one of the editors of
Scottish International Review (with Bob Tait and Edwin Morgan) and reviewed
and broadcast fairly regularly.

One of the first instances of public recognition for his poetry came in
an article by Ian Fletcher in the magazine *Chanticleer* (1954), which con-
cluded:

> Other names in the Scots literary scene may glitter more than his,
> but no-one now is doing more to enlarge and diversify the existing
> richness of the Lallans tradition than Robert Garioch.

By this time Garioch's separate publications consisted of only two hand-
printed, privately distributed pamphlets: *17 Poems for 6d* (with Sorley Maclean)
and *Chuckies on the Cairn* (1940 and 1949 respectively). *The Masque of Edinburgh*
followed in 1954 and then in 1959 his Scots translations from George
Buchanan's Latin plays *Jephtha* and *The Baptist*. These Buchanan versions
deserve more attention than they have received. Bob Sutherland thought
rightly that the poet had done a good job. Garioch had stage production in
mind and was disappointed when no practical use was made of his versions.[4]

Another of his major projects looked as if it might be condemned to oblivion, but fortunately his POW memoirs, *Four Men and a Blanket*, was brought out by Southside in 1975 after the manuscript had lain in waiting for almost thirty years. This is one of the most remarkable books of its kind, not least for its lack of bitterness. Much of its effect is due to the skill of the prose: to prepare himself for the book Garioch had immersed himself in Defoe.

His first 'proper' collection was his *Selected Poems*, published in 1966 by Callum Macdonald with a warm introduction by Sydney Goodsir Smith. Smith concluded by saying that Garioch belonged not to a little circle of poetry enthusiasts 'but to a wider clan, which includes non-poetry readers. It is probably a matter of having the common touch ... Here he belongs with his predecessors, Ramsay, Fergusson and Burns, and he sits down easily in their company'. Two single collections, *The Big Music* and *Doktor Faust in Rose Street*, followed: some of the work in those two was more recent than 1966, some was earlier. His writing chronology was not matched by his publishing chronology. His *Collected Poems* of 1977 gathered most of his poetry, and this was followed, two years after his death, by *The Complete Poetical Works*, which itself is now followed by this new edition. *A Garioch Miscellany* (1986) gathered a selection of letters, reviews and short prose pieces.

In *As I Remember* Garioch recalls:

> I studied Honours English ... and we used to stick our poems on the board of the English Library. Vexed by the Englishness of other people's poems, I reacted by presenting 'Fi' baw in the Street', glottal stops and all. I thought I was being rude, but it was well received. Mr Murison's *Guid Scots Tongue* tells us how Allan Ramsay's work was one of reaction. I regard mine as a small part of that reaction.

Garioch's lifelong use of Scots was to him a natural development of the linguistic surroundings in which he grew up. Elsewhere in the same essay he notes:

> The language spoken in our house was good Scots, by which I mean that it used many words not found in English, and that it was sounded according to Scottish rules.

He would probably have been puzzled by the claim in *The Oxford Companion to the English Language* (1992) that he wrote in a 'mixture of Lallans and everyday Edinburgh Scots'. And he would have been amused or annoyed to see himself included as one of the leading members of 'a school of experimental poetry' launched by MacDiarmid. Experimental? Hardly. A disciple of MacDiarmid? Not likely either, for he did not care to see his name press-ganged into service in the small cohort labelled by Alexander Scott as 'MacDiarmid Makars'.

Whether Garioch's use of Scots made him part of the so-called Scottish Renaissance is arguable. Whether the Scottish Renaissance was cohesive and productive enough to take its place in Scottish literary history as a significant and influential phenomenon is also arguable. But there can be little doubt that from the publication of MacDiarmid's early Scots lyrics there was a renewed interest in the possibilities of Scots for literary purposes. MacDiarmid's use of Scots was part of a grand cultural and political strategy – at least that is how he presented it – and he culled words and expressions from different historical periods and different geographical areas. Any programme implied by Garioch's use of Scots is by comparison a quiet and unobtrusive one: the Scots he used, he always maintained, was the everyday speech of the (non-genteel) part of Edinburgh society in which he grew up.

That was where his use of Scots began, of course, but the total picture is more complicated: the everyday speech with which he grew up was not in itself adequate to his (later) literary purposes and had to be extended and enriched deliberately. In his 1981 conversation with Donald Campbell, Garioch said:

> When you're writing, you're concerned with a more interesting set of ideas than when you're simply talking – and therefore you need names for non-conversational things. You don't get these names out of conversation; you get them out of books and get them out of dictionaries. It's just the same in English.

That was the main point Garioch had made nearly fifty years earlier, in a contribution to *The Scots Observer*. He had concluded by looking at the naïve and fruitless alternative:

> naethin cud be mair artificial than ti gaun ti a fairmhoose wi a wee notebuik, notin doon the words iz thi tumble frae the lips o the fermer an his guid wife: subsequently connin them weel at hame, an manufacturin a poem accordin ti the limitations o the speech o siclike country buddies. A poem o this kind is mibby pure eneuch: bit like mony anither pure article, it's no muckle the better for 't.[5]

Just after Garioch's death, Alexander Scott remarked on how

> misconceived is the view that the Scots in which Garioch wrote is no more than a literary reflection of the Scots he learned as his first

tongue as a boy. When the novelist Allan Massie tells us that the makar is 'the most natural Scots poet we've had in near two hundred years: almost the only one who hasn't put himself to school to the language', he is paying a far greater compliment to Garioch's literary skill than any he intended ... It is not the least of Garioch's many triumphs that he made this literary (or synthetic) Scots read like the speech of his native Edinburgh. But it may well be that throughout his career he was never more masked than when he seemed most natural.[6]

Shortly afterwards Graham Tulloch wrote on the different registers to be found in Garioch's Scots, amplifying the poet's claim that he used 'Scots of different styles for different purposes.'[7] More recently, J. Derick McClure has also studied the differing strands in Garioch's Scots to show 'a variety of styles, periods and registers as diverse as that of any of his contemporaries.' Garioch's Scots is 'a multi-faceted medium': it allows for great variety between, at one extreme, contemporary demotic speech and, at the other, a quasi-medieval language, as seen in some of his translations from classical literature. One of the main points demonstrated by McClure is this:

> ... even when (Garioch's) poetic language is most suggestive of the words, idioms and audible cadences of Scots as actually spoken, it remains a carefully constructed literary artefact: he does not *reproduce* the material of actual speech any more than he copies the language of his great poetic predecessors, but re-shapes and inter-weaves them both for poetic effects of great subtlety.[8]

Garioch was of course fully aware that some of MacDiarmid's poems are masterpieces. It was the older poet's self-promotion, and even more what he called the antics of those who gathered round him like courtiers, that inspired his scorn. Bob Sutherland was unfailingly polite in public, but in private Garioch could pen a sharp remark or two when he wanted. Writing to J. B. Caird (21 December 1978) about 'these obsequious obsequies' on MacDiarmid printed in the current issue of *Lines Review*, he tries to puff away some academic fog, concluding:

> Even Daiches waffles, with this sort of statement: 'Self-contradiction is for MacD a mode of poetic awareness.' Awareness? Surely not! Was he cognizant of observed objects as both bandy-legged and knock-knee'd simultaneously? (Or is *poetic* an all-purpose let-out word?) And of course the fallacious thought that this, like a lot of other things, is peculiarly Scottish. Whereas D. H. Lawrence admired Walt Whitman for saying, 'Very well, I contradict myself. I am infinite. I

contain multitudes.' A poor argument, I have always thought. He was not infinite, and multitudes are not the same as infinity; but it is boring to destroy self-evident fallacies. I suppose that would be the Mid-Atlantic Antisyzygy!

In a letter to Sydney Tremayne (17 January 1980) Garioch similarly picks at a characteristic utterance of MacDiarmid's ('one of his pulpit objurgations, for which he was so famous, and which he so much enjoyed objurgifying, this time on the work of the composer F. G. Scott. MacDiarmid had claimed: 'He [i.e. Scott] never compromised in the slightest degree. Now in a country that is so utterly venal as Scotland, that was a priceless contribution.' To which Garioch comments:

> Interesting stress on the purity of the artist. He will not compromise. He knows best ... Whereas Beethoven, a pianist, asked the advice of the violinist who was going to perform the violin concerto, Scott, a pianist, seemingly would not ask a singer if his voice-parts were singable. It looks like that. Why keep within a singer's compass anyway? A pure composer would not be compromised by anything so vulgar as vocal chords. This contemptuous word *venal* would cover a willingness to sell songs that singers can sing.

To J. B. Caird (1 December 1980) Garioch complained:

> I don't see that MacD really made such skilful use of his unquoted quotations as people make out, even such notable people as Sorley Maclean ... nor Norman MacCaig, who can be penetrating enough, but *does seem* to be impressed by attributes of MacD that are not there at all, so far as I can see, or by his behaviour, that looks very like antics to me. In fact, I weary of that deflated windbag ...

Then we have the little squib dated August 1971, written in a notebook and left there, entitled 'Six Scottish Sages':

> Six Scottish Sages
> enjoy the privilege
> of discussing Everything
> With Hugh MacDiarmid.
>
> Only those six
> of top intellect
> are worth considering
> by Hugh MacDiarmid.
>
> How do I know?

I heard it stated
with gloomy pleasure
by Hugh MacDiarmid.

Jokes apart, what really upset Garioch about some of his better-known
fellow poets was their political naïvety. He wrote to Sydney Tremayne (15
August 1977) that he saw MacDiarmid

> as a woolly lamb, and Sam Maclean also, intelligent all right, but so
> soft emotionally that they give up thinking when their feelings take
> over ... I remember how shattered Sam Maclean was when Russia
> signed the non-aggression pact, and also how apologetic when the
> Red Army showed up not very well in Finland. But why? Because
> Russia was the Promised Land, or rather the Land of Heart's Desire ...
> and I am vexed that Grieve should not have honestly and seriously
> considered what his preaching had to do with real life, which he
> should have known something about, as a journalist, even in
> Montrose ...

MacDiarmid in turn chose to be lofty about Garioch, as we can see in a
letter to Tom Scott in 1965:

> ... in so far as I know (his) work there is very little of it of value. His
> strength lies in his knowledge of Scots, and particularly of demotic
> Edinburgh dialect but he has no elevation and is in general I think
> not only dull but vulgar in the worst sense.

I doubt if we need see this as more than the expression of haughtiness from
someone who wanted disciples and sensed in Garioch a man who was not
likely to be led by the nose.

Setting up MacDiarmid and Garioch as literary foes is hardly produc-
tive: as several critics, including Mario Relich and Douglas Dunn, have
recently shown, comparing the two men can shed light on their respective
achievements. Relich made this point:

> As a consequence of his regard for traditional forms, Garioch had a
> more accommodating, and certainly less combative, approach to
> the Scottish poetic tradition than MacDiarmid. His cluster of
> poems in which he comes to grips with Buchanan, Fergusson and
> (very indirectly) MacDiarmid himself, are the ones in which he
> comes closest to revealing his distinctive relationship to the Scot-
> tish poetic tradition.[9]

Dunn offered a similar way of comparing the two poets in their treatment
of tradition:

> What [Garioch] did was reintroduce traditional, stanzaic poetry to
> the Scottish language, procedures of exactly the kind that Mac-
> Diarmid, for his own perfectly good reasons, had left well alone, but
> which Garioch, for his perfectly good reasons, needed in order to
> complete his poetic identity.

Dunn added that Garioch 'was *serious* in his reading of MacDiarmid; but he
was also discriminating, and, as far as he could be, generous.'[10]

Garioch's use of Scots is an aspect of his strongly felt sense of tradition.
He found much to admire in writers of the past and it can be argued that to
Garioch translation offered more than a technical challenge. He had some-
thing of the not-so-modern understanding of translation as a way of
honouring and communing with writers of the past, and, like many of
those writers in their own practices of imitation and translation, he under-
played his own considerable contribution. The range of his translations is
worth noting – they come from Pindar, Hesiod, the Anglo-Saxon, George
Buchanan, Goethe, Apollinaire, Arthur Johnstone – but his most remark-
able achievement in this area must be his Scots versions of the sonnets of
Giuseppe Belli (1791–1863), the Italian (or rather Roman) poet who pro-
duced over two thousand sonnets in Romanesco. Belli had an eye and a
nose for street life and gossip, and an ear for the vigours of local speech; he
could combine satire and compassion almost in the same breath. Garioch
responded particularly to Belli's treatment of bigwigs (the tyrannical Pope
Gregory XVI being his most highly-placed target); he was less keen to tackle
what he called the 'obscene sonnets'. As we can see from the correspond-
ence between Garioch and Antonia Stott (who helped him with the
majority of the poems he translated), he worked energetically and enthusi-
astically at the problems of getting as close as he could to Belli's meaning
while trying, sometimes with considerable ingenuity, to match the metre
and rhymes. I doubt if Garioch would have claimed that in translating Belli
he was writing simply the Scots he grew up with: the challenge demanded
and received an enlargement of what was available from his background.
Garioch was still working away at Belli shortly before his death, having
accumulated no fewer than 120 translations.[11]

Garioch's sense of tradition was not just a matter of reading. The older
parts of Edinburgh are very old, and Garioch felt, quite naturally, especially
close to his Scottish predecessors. He walked the same streets as they had,
saw daily some of the buildings they had seen. This feeling is celebrated in
many of his poems, perhaps most of all in 'To Robert Fergusson':

My ain toun's makar, monie an airt
formed us in common, faur apairt
in time, but fell alike in hert ...

Garioch clearly felt a strong affinity with Robert Fergusson (1750–1774) – a fact which, at one time, he felt was being over-recognised, as he remarked to Sydney Tremayne (24 September 1974):

> There is a tendency now hereabouts to think of my poems as somewhat akin to Robert Fergusson's, and indeed I have studied his poetry with a hope of learning from him, but I don't want to have too much of this sort of thing ...

The way in which Garioch celebrates Fergusson by the use of a stanza form in which Fergusson himself was skilled is but one example of Garioch's own technical mastery. Readers coming to his work for the first time could well look at the variety of the verse-writing in such poems as 'Embro to the Ploy', 'Sisyphus', 'The Humanists' Trauchles in Paris', 'The Muir', 'The Big Music', 'The Traivler', 'The Lesson', 'Chalk Farm 1945', as well as many of the sonnets, both his own and those he translated.

His preeminence as a skilled craftsman did not prevent the circulation of some very narrow and partial views of his achievement. Even after the mid-1970s, when most of his work was available, many comments give the impression of good will tempered by a kind of eagerness to point out alleged limitations. His comic poems are truly comic, of course, and as a reader of his own poems he could handle an audience expertly and was able to 'bring the house down' if he wanted to. But he did not always want to, and there were occasions when he deliberately disappointed people's expectations of a good laugh, as if to say 'there's more to me than that'. Again to Sydney Tremayne (14 April 1973) he wrote: 'I don't want to be known even in WC1 as a comic poet. Mind you, I should rather be known, as anything than not known, except to the polis ...'

He often had to tolerate being regarded or referred to by implication as 'only' a comic versifier, as if the comedy precluded anything worth taking seriously. It was surprising to find him being sold short in this way in *The Oxford Companion to English Literature* (1995): 'known principally for his witty and satirical poems in Scots' – a description that sounds two or three decades out of date.

Writers as different from each other as Tom Scott and David Black were generous in their praise of Garioch's work, yet both felt that they had to make qualifications. Scott's were not perhaps very subtle:

As seer or prophet one need only mention MacDiarmid, Muir and MacLean, to look no further afield, for his limitations to be obvious ... his satire is mild rather than bitter, humorous rather than biting, more likely to raise a smile than send people enraged to the barricades.[12]

Black proposed that Garioch was a victim of Scottish tradition:

What is the place, in the modern world, for a classical poet? None can deny Garioch's consummate skill; but wasn't he a throw-back, a sort of antiquarian oddity, brilliantly living an eighteenth-century life in a twentieth-century setting? ... Great as I believe Garioch's achievement to be, I also believe there is something wrong some-where. It's monstrous that a poet should be writing in a language that his contemporaries can't understand (although this is a relative matter, and most poets are sometimes incomprehensible); it's sad that he should have to invent a tradition, because the history of his country has been too broken to supply an adequate one. And the result is odd, surprising, because of the shifts the poet has been at to cope with these stresses.[13]

It was sometimes assumed, further, that there was a straightforward cor-relation between Bob Sutherland and the Garioch persona, the latter being perceived as little more than the *wee man*, somewhat naïve and always put-upon, voicing a grouse but 'largely genial and forgiving', as Barry Wood put it.[14] Tom Hubbard declared that 'the Garioch persona ... appeals more to populist sentiment than to democratic commitment.'[15] Whatever we make of such a distinction, it is clear that 'the Garioch persona' is an over-simplification. Maybe we need not see much significance in the fact that Garioch would sign a letter in any one of at least eight different ways, but there is surely a point about his pen-name, for while it gave the partial distancing of a real pen-name it was also part of his 'proper' name, or just another version of it. The relationship – as is usually the case – between author and persona is shifting and at times elusive: as Roderick Watson pointed out, if we see the various personae in Garioch's poems merely as bystanders or commentators on the sidelines, then we seriously under-estimate the range and depth of the poetry as a whole.[16] Looking back over Garioch's work in 1984, Edwin Morgan suggested:

Although it would be quite wrong to take up the view that one cannot be serious through comedy, the more straightforwardly serious poems of Garioch stand strongly and indeed seem to gain in interest, suggesting that there might be more of a balance between the 'serious' and 'comic' aspects of his work than used to be assumed.[17]

To that I would add a telling comment from Iain Crichton Smith:

> Garioch appears to be a much more complex figure than we had
> thought, a twentieth-century figure in that he sees the endlessly
> provisional nature of reality. He presents us with a double face. For
> myself he is the kind of poet I should like to read when the lights are
> low; human, frightened, but at the same time having enough courage
> to keep his steady watch when he is trembling like a compass
> needle.[18]

Here we have a useful starting-point for readers coming to Garioch's work
now, free of preconceptions and misconceptions, free to discover for
themselves that blend of the genial and the desperate that characterises the
best of his work.

New readers could always sample a group of poems to get an idea of
Garioch's range: without implying firm boundaries, we can readily observe
a few recognisably distinct areas: i) poems of comic satire, ii) poems of a
more serious and awkward questioning, iii) poems of dilemma and entrap-
ment.

A couple of the 'Edinburgh Sonnets' illustrate the first group. 'Did Ye
See Me?' (p. 95) makes fun of the old Scots '–ioun' suffix, the rhymes of the
octave being linked then with those of the sestet. The scorn evinced in the
sestet is really the exposure of the situation described in the octave, the
barbs being directed at the narrator himself. In 'Elegy' (p. 98) the barbs are
released against the subjects of the elegy in a delayed reaction: an elegiac
tone seems to be adopted at the start ('They are lang deid' – referring to the
headmasters who plagued the 'new cleckit dominie') only to be under-cut in
the sestet, the last line turning elegy into revenge. The targets of Garioch's
satire are usually Scottish varieties of *hubris* bolstered by Education, Work
and Conformity; cultural pretension (often in relation to the Edinburgh
Festival) comes in for a jab or two as well.

In the second group, public, comic and outrageous elements give way
to a more private and disturbing form of questioning. Here it is often the
poet's own sense of security, as represented physically in his property,
intellectually in his education and more deeply in his feeling of personal
identity, that is in danger of being eroded. 'Coolin-aff' (p. 76) retains the
character of the shrewd bystander, who now observes the hot air, the
'wamble', rising from St Andrew's House (at that time the seat of bureau-
cracy in Scotland). But suddenly his composure is disturbed; although the
poem is simple enough we can see a pattern here – of being abruptly
threatened on all sides – that recurs in many poems on many levels of

seriousness, so that cumulatively it becomes one of his most important themes. In 'Brither Worm' (p. 8) the encounter with the worm, taking up most of the poem, hardly disturbs the onlooker's composure, even if the worm brings premonitions of the natural subterranean life at work beneath the mass of civilised Edinburgh New Town stone. But, at the end of the poem, the fleeting encounter with the rat brings both composure and contemplation to an abrupt end:

I shuik wi sudden grue. He leukit at me, and wes gane.

The agreeable pact between man and worm is shattered.

We find a more ambiguous encounter in 'My Faither Sees Me' (p. 24), which decribes how the poet catches sight of what seems to be his father's reflection in a darkened window. The sharpness of the mutual recognition is remarkable (both look mercilessly at each other) and the shutters are banged shut against this 'intrusion' almost with a gesture of panic.

The dilemmas explored in the third group are bleaker. One theme has to do with the impasse of daily drudgery and the absence of real forms of escape from it. The narrator in 'Heard in the Gairdens' (p. 99) is a worker who has lost his job after thirty years of labour and is now at last 'free', but what kind of freedom is it if he can lift up his head only in his own corner, in isolation? Is the new freedom any better than the old slavery? The bird in 'The Percipient Swan' (p. 5) is confined to a pond, a prisoner of the Parks Committee, wings clipped to keep him in place. But he is learning to sing, he claims, and one day will astonish his 'desolate owners' and the bored ratepayers who stare at him – but that event will of course be his swan-song. The freedom of the sacked worker is illusory; the revolt of the swan will coincide with his death. The dilemma really has no resolution. In 'Sisyphus' (p. 29) Garioch gives the old tale a twist in that Sisyphus is not just the victim of a meaningless and cruel punishment: when he has pushed the boulder up to the top of the slope he himself gives it a shove, as if absent-mindedly, actively cooperating in his own slavery.

The autobiographical starting-point of such poems was no doubt Garioch's years in schoolteaching, with its conflict between teaching and writing producing an endless strain. But if poetry, or art in general, is to be seen as a way of escaping from the impasse between grinding drudgery and sterile freedom, then there are no simple solutions here either. 'Perfect' (p. 80), about the nature of craftsmanship itself, describes a carpenter's struggle as he works with nature against nature to impose the perfection of a polished table-top on the organic shape of wood. But his handmade efforts are now obsolete: he has moved with the times, cooperated with them, and at the press of a button can turn out imitation, machine-made grains of whatever wood is wanted.

The wider social context in which art must exist is explored in 'The Big Music' (p. 127), the title poem of Garioch's 1971 collection. The poem takes off from an allusion to MacDiarmid and on a superficial level is a reductive comment on MacDiarmid's grandiose 'Gaelic Idea'. More to the point, Garioch is saying something serious about both Pibroch (i.e. art generally) and the sometimes improbable conditions in which art is condemned to flourish. The 'Big Rowtan Pipe', for instance, creates its own conditions, like the blow-torch under water in its own oxygen bell. Yet the setting, a drill-hall in Victoria Street, London, seems incongruous and the occasion, a piping competition with international rules, inimicable. The poem ends:

> He taks leave of us wi dignity, turns, and is gane.
> The judges rate him heich, but no in the first three.

The power, resourcefulness and dignity of the piper comes up against the grudging negative response of the judges. Does the artist, in order to exist, have to dress up for a role and compete, to produce a *performance* which will be rated according to a trivial and irrelevant scale?

The reader new to Garioch will not necessarily rush into the longer poems, but will certainly get round to them. 'The Wire' (p. 42), in forty quatrains, describes a kind of allegorical desolation, a prison camp where the guards are prisoners too as they watch over the inmates. Some prisoners try to escape, and are killed, but their blood blossoms, suggesting the beauty of sacrifice. Others tether themselves to avoid the temptation of trying to escape. Between bloody sacrifice and sterile survival, a third group sink into themselves but experience no more than a minimal existence.

The formal restraints that to some extent impede the development of 'The Wire' are replaced by long lines, full paragraphs and a leisured specu- lative manner in 'The Muir' (p. 47), a meditative poem of 511 lines. The moor is the solid and tangible foundation of the world we know through close experience. In contrast to the sheer intractability of our physical environ- ment, our new knowledge of the nature of matter gives us an alarming and vertiginous sense of insecurity. The new nightmare takes its place along- side the old one, like Dante's Hell or the melancholia of mad Fergusson, or the vision of life as service under the Grand Old Duke (of York), where both continued service and desertion are ignominious. The bulk of the poem was written in the autumn of 1955 and appreciation of it grew only slowly:

Garioch himself felt modest about it, or rather, the lukewarm response – rather like that given to the piper by the judges – made him feel that perhaps he ought to be modest. He had no need to be. The poem is one we can come back to many times, and it takes its place as one of the high points of his output. I am not alone in thinking that of the poets who began writing in Scots in the 1930s and 1940s it is Garioch who has used the tradition most fully and brought it to bear on the times through which he lived. Rooted in Edinburgh, his poetry is thoroughly modern and European.

Robin Fulton
Stavanger
February 2004

Notes

1. Contributed to *As I Remember*, ed. Maurice Lindsay (Robert Hale, 1979).
2. *Cencrastus* 6, Autumn 1981, p. 12.
3. In his article on Garioch and Fergusson in *Heaven-Taught Fergusson*, ed. Robert Crawford (Tuckwell Press, 2003), pp. 181–197, Andrew Macintosh gives a somewhat grotesque little picture of Garioch's life in Edinburgh, the only source given for which is James Caird, 'Robert Garioch – a Personal Appreciation', *Scottish Literary Journal* 10/2, 1983, pp. 68–78. Macintosh describes Garioch as a '(financially) rather mean soul' – a suggestion not to be found in Caird's memoir of his old friend, and one that is quite unjust to Garioch, who for much of the time after 1964 simply was not in a position to earn much.
4. In his introduction to his versions, which were published in Edinburgh in 1959, Garioch wrote: 'I wad dearly like to see and hear thae tragedies presentit on the stage, and hae ettled to set them furth in the practicable leid o the Scottish theatre.' Four years earlier he had written to J. K. Annand (1 September 1955): 'I offered *Jephtha* to the Glasgow BBC and Glasgow Citizens' Theatre, but they voted against performing it. All the same, it is a fine dignified tragedy ...' See Bill Findlay, 'Robert Garioch's Jephthah and The Baptist: Why he considered it "my favourite work"', *Scottish Literary Journal* 25/2, 1998, pp. 45–66. In a survey of Scottish Drama in *ScotLit* 20, Spring 1999, Edwin Morgan referred to Garioch's *Jephtha* as 'a good Scots version' and adds: 'I don't see why it shouldn't be regarded as a play to be played, a part of our repertory.' Morgan has a useful page or two on Garioch's Buchanan in 'Garioch's Translations' in his *Crossing the Border* (Carcanet, 1990), pp. 231–4. See also Graham Tulloch, 'Robert Garioch's Translation of George Buchanan's Latin Tragedies' in *Frae Ither Tongues: Essays on Modern Translations into Scots*, ed. Bill Findlay (Multilingual Matters, 2004), pp. 171–87. Tulloch examines the different registers of Scots employed by Garioch in his translations of Buchanan and proposes that 'considered as poems, these translations must rank high amongst Garioch's achievements.'
5. 18 February 1933. Reprinted in *Lallans* 18, Whitsunday 1982, pp. 5–8.

6. *The Scottish Review* 23, August 1981, p. 16.
7. Graham Tulloch, 'Robert Garioch's Different Styles of Scots', *Scottish Literary Journal* 12/1, 1985, pp. 53–69
8. *Language, Poetry and Nationhood* (Tuckwell Press, 2000), pp. 133, 138, 140.
9. *Lines Review* 136, March 1996, pp. 8–9.
10. *Cencrastus* 43, Autumn 1992, p.40.
11. Garioch worked from cribs supplied by those who could read the Romanesco dialect: initially Donald Carne-Ross and Antonia Spadavechia then, for the bulk of his versions, Antonia Stott. See Antonia Stott's introduction to the Belli translations in Garioch's *Complete Poetical Works*, pp. 217–20, and the selection of his letters to her in *A Garioch Miscellany* (MacDonald, 1986), pp. 148–171. In *Chapman* 39, 1984, pp. 34–41, Don W. Nichol compared Belli translations by Garioch and by Anthony Burgess to the advantage of the former. See also Edwin Morgan, 'Garioch's Translations' in *Crossing the Border*, pp. 234–9. In 'Robert Garioch and Giuseppe Belli' (*Frae Ither Tongues*, pp. 188–214) Christopher Whyte not only scrutinises a selection of the sonnets (nos 273, 358, 360, 811, 1479, 1677) but asks us to consider what he calls 'the modernity of Garioch's project'. He sees translation as a liberating process for 'anyone using a stigmatised or reified linguistic medium, as one cannot, in a translation, be accused of writing what people would never say'. The Belli translations 'are an investigation of the Scots language, of its possibilities of regulation and codification. The presence of an original meant that Garioch was able to focus more closely than anywhere else in his work on this investigation.'
12. *The Scotsman*, 2 April 1983.
13. *Chapman* 31, Winter 1981/2, p. 6.
14. *The History of Scottish Literature*, ed. Cairns Craig (Aberdeen University Press), vol. IV, p. 342.
15. *Ibid.*, p. 181.
16. *The Literature of Scotland* (Longman, 1984), p. 424.
17. 'Garioch Revisited' in *Crossing the Border*, pp. 222–3.
18. *Chapman* 40, 1985, p. 73.

A Note on this Edition

Robert Garioch's *Collected Poems* appeared in 1977. This was replaced in 1983 by my edition, called *The Complete Poetical Works*: this repeated the poems in the 1977 volume, added 68 Belli translations to the 52 already included in 1977, and a section of material from four MS notebooks.

This new edition, which now replaces the 1983 one, differs from it in two ways:

1. I have dropped the notebook drafts. They were not without interest but perhaps the interest was not sufficient to justify republishing them. They have had an airing.
2. With the exception of placing the now large Belli section at the end, I have restored entirely Garioch's own ordering of his poems, including his method of numbering the sections. The slight reordering I had introduced was meant to give more cohesion and neatness to the different groups: perhaps it did, but since a straightforward chronological ordering is hardly possible, the only proper alternative is to keep the poet's own system, which of course had much to recommend it in its own right.

Although MS dates are known for a large number of Garioch's poems (they are given in the notes) an arrangement following them would give rather a jumbled impression, and the undated poems would have to be placed according to not very inspired guesswork. Garioch did not publish collections regularly – indeed some of his poems, including many of the best, had to wait a long time for publication. But the important point here is that when he assembled his 1977 gathering he treated his poems as in a sense contemporaneous with each other, feeling free to arrange them in groups which largely cut across chronological lines.

I have retained all of Garioch's own notes, these being indicated by '(G)'. In addition to adding dates (where known) I have made two kinds of addition: explanations for readers unfamiliar with Garioch's Edinburgh background, and some indications of after-thoughts or deletions that can be seen in MS workings. Appendix Two shows the work-sheets of 'The Big Music'. It is clear that Garioch's second or third thoughts were nearly always better than his first ones. I have expanded the glossary from 700 to about 1,100 words, keeping to Garioch's brief style. Readers interested in the language as such can consult both *The Dictionary of the Older Scottish Tongue* (on which Garioch worked) and *The Scottish National Dictionary*. He himself had a fondness for Jamieson.

PART I

Dedication
frae *Chuckies on the Cairn*

Thae twa-three chuckie-stanes
I lay on Scotland's cairn
biggit by men of bigger banes
afore I was a bairn,

and men of greater micht
will trauchle up the brae
and lay abuin them on the hicht
mair wechty stanes nor thae.

A Makar's Prayer

Oh Gode! gie me virr;
hummil me no owre muckle.
Inwit is unco strang;
insicht is maist bruckle.

Thocht is ill to grup,
a twine of reik in the neive,
thocht mair felt nor thocht,
real, but naethin steeve,

thocht made flesh in words
that grup like molecules,
makkin substances
according to their rules.

Syne, throu my misrule,
I am made hypocrite,
compeirant and condemned
til inwit's agenbite.

Thrawn cattle are thae words
coost up at me by thocht
at inconvenient times,
raither fand nor socht,

in either of twa leids,
of myngit ancestry,

and, in my guairdianship,
yaised wi queer company,

words whas shape and soun
whiles hae nocht adae
wi things they're thocht to mean
that I mean them to say,

words wi lives of their ain,
aye like to turn and tirr:
to haunnle thae wild-cats,
Phoebus! gie me virr.

'... That is Stade in Perplexite ...'

Scraping an encrustit stane
     wi some carved letters, lichent-owre,
     an archaeologist, ye glowre;
sae lichtly, lichtly mak it plain.

Is it in verse? Lang-pairtit chimes
     tune in thegither; twa by twa
     ye lowse them frae their hazel-raw,
maikan lang-disparplit rhymes.

To set the thing in time and space
     is nou yer care; by estimates
     ye bracket it about wi dates;
ye geynear hae it in its place.

Gowden, aye new, in aureat leid,
     buirdly, unset, a sang is raisit
     that wad be dumb, ye are abaysit,
but for yer succoure and remede.

On Seeing an Aik-tree Sprent wi Galls

In Aprile at the hicht of noon,
whan leean hauf-licht there wes nane,
nae flichtie ferlie wes to blame
for yon queer sicht: an aik in blume.

Ben ilka flure there bode a worm
in borrowed housie bien and warm;
to bigg its bield the twist was torn
and beauty browden'd it in turn.

My Makar! Gode that made me dour
as onie aik, my worm is dear;
oh grant, amang this yirdlie steir,
that I may florisch in the stour.

The Percipient Swan

A percipient swan
wi ideas and notions
and aibstract conceptions,
I gae throu the motions

laid doun for me
by the Parks Committee,
in the auld Guse Dubs
nou dune-up pretty.

Whiles I muve,
whiles bide on the spot,
whiles I eat,
and that's the lot

that's fawen til me.
I'm that sair fashit
I'd be out of here,
but my wings are hashit.

I'd be out of here
gin but I cuid,
but they clippit the feathers
to keep me guid.

I micht mainage, I think,
but the pond's owre wee
for me to tak-aff,
sae I canna flee.

I hae ettled on land

to hyst in the air,
but I had to gie up,
my feet were that sair.

Tho I hae pouer
of rational thocht,
I canna win out
sin I hae been bocht.

I ken-na wha pouchit
the plagium-fee,
but I ken weill eneuch
that it wasna me.

Gin I was guid
I cuidna thole
ae mair day
in this pokey hole,

soumin roun
like a mous in a well,
glowred at by ratepeyers
bored like masel,

my desolat owners,
douncast, insipid,
that staund me my keep
and hae my wings clippit.

On my pond's bit rim
they moon aroun,
gowpan at me
as I soum up and doun.

The hale thing's that wee
and eith-understude,
I cuidna thole it
gin I was guid.

Gin I was guid
I wad gae mad,
but my salvation
is that I'm bad.

I'm gaithran virr
to complish ae thing
they never jalouse:
I'm learning to sing.

I'm gey-near ready
to gie a wee *chanson*;
there'll be a flap
whan ye hear my swan-song.

For my sang sall foretell
no my ain destruction;
I sall rhyme the end
of your hale stupid faction.

Programme Notes

Berlioz' biggest-ever Requiem
for soldiers killed in France's recent war
was finished far too late, so huge the score
 that France had won another war by then,
or lost? No matter; history's a bore.
At any rate, they'd been at it again,
incurring once again the usual losses
such as we mark with little wooden crosses.
Choir, foghorn, orchestra and four brass bands
tuned up at last in diatonic prayer,
splendid for anyone who understands
that sort of thing; I'm glad I wasn't there.
Critics in all time since, in many lands,
agree, this Requiem's a great affair
of super-output, multi-decibel,
designed to save two armies' dead from Hell.
Why not, indeed? Why shouldn't it be so?
It makes no difference that I'm tone-deaf
and couldn't recognise a treble clef,
whilst music's daughters have not been brought low
by some grave atheist with an iron rod
who wants to stand between ourselves and God.

Quiet Passage

I hae in mind
things of douce kind:
wee flouers that rise,
quietlenswise,
out frae the yird,
or, safe in the herd,
yowes wi lambies
soukan their mammies,
whiles a ladylander
may tak a dander
thrice roun my airm
and come to nae hairm;
the sky owre the toun,
blae blending wi broun,
we see frae the hicht
of the cleir roof-licht
in an Embro garret
wi naething to mar it
for my luve and me.
And there we pree
lusts of the flesh,
hartsome and nesh.
Cantie and quate,
we myng and mate,
and syne we're still
as the brou of a hill
that kens the leisor
of time's ain meisor,
the flouers that rise
quietlenswise.

Brither Worm

I saw a lang worm snoove throu the space atween twa stanes,
pokin his heid, if he had yin, up throu a hole in the New Toun,
up throu a crack ye wad hardly hae seen, in an area of stane,
unkenn'd uplifted tons of mason-wark piled on the soil,
wi causey-streets, biggit of granite setts, like blank waas flat on the grund,

plainstane pavements of Thurso slabs laid owre the stane-aircht cellars,
the area fifteen feet doun, wi weill-jyned flagstanes, Regency wark.
Nou, in my deeded stane-and-lime property, awntert a nesh and perfect worm.
I was abaysit wi thochts of what was gaun-on ablow my feet,
that the feued and rented grund was the soil of the naitural Drumsheuch Forest,
and that life gaed on thair in yon soil, and had sent out a spy,
thinkin some Friend of the Worms had slockent them wi a shoure,
whan I on my side of the crust had teemit twa-three pails of water,
meaning to scrub the place doun wi a besom I had jist bocht.
Sae a saft, soupple and delicate, pink and naukit craitur
neatly wan out frae atween thae dressed, weill-laid, unnaitural stanes.
I watched, and thocht lang of the ferlies of Naitur; I didna muve;
I thocht of the deeps of the soil, deeper nor the sea. I made nae sound.
A rat raxt frae a crack atween twa stanes.
I shuik wi sudden grue. He leukit at me, and wes gane.

Winter

Crawling on the warld's rim
atween the craig and the cauld luift,
we cairry ilkane a puckle warmth,
a lowan peat of reid life.

Dark pines grabbing at the stanes
guaird their stark and timmer lives
unsiccarlie; monie gae black
afore their time, deid wudden scrogs.

We men, and ptarmigan, and rottans
bide on the ill-willy yird,
thole the menseless cauld, and hain
the nithert life that stounds our banes.

Day-trip

A bonny glen, yon, wi a green strath,
a burn, arable howes, and a muckle ben,
wi hens, kye, aits, bere, yowes,
a clachan, a wee howff wi aipen door,
smelling of beer on draucht and bacon frying,

gey sonsy-lukan wemen here and there,
tow-heidit bairns doukan ablow the brig,
twa-thrie bodachs, bien, wi naethin adae
but blether awa, and bide till denner-time,
while a wud-feart pig, wi a voice like an auld wife
scrauchs til the wrang gode, Help! Help!

A Wee-bit Nicht-music

(frae 'La Ciciliana')

WIFIE   G'waa wi ye frae ma door-oh!
    I wuss I'd dee'd in sorrow
    the day whan first I lued ye.
    G'waa wi ye frae ma door-oh!
    It's time that ye were walkin;
    ye'd hae me deid of sorrow
    and never gie a docken.
    Get out of here, ma laddie,
    this cairry-on's fair shockin,
    ye cudnae fash me, cud ye?

LUVER   For gudesake dinna gie me
    sic angry words, ma dearie;
    ye ken I cam-na tae ye
    jist to gang hame camsteerie.
    Get up, slide back the sneckie
    and let me creep in near ye,
    syne gie me orders, wud ye?

WIFIE   Gin ye shuid gie me Joppa,
    Turnent and Portobelly,
    I wudnae tak your offer–
    g'awaa, ye silly felly.
    Gin ma gudeman shuid hear ye –
    ma neibour, Clypie Kelly –
    ye'd hae me dune for, wud ye?

LUVER   Your mannie cannae hear ye nou;
    he's sleepin sweet as hinnie-oh.
    The neibour's unco wearyfu
    and dreamin of his Jeannie-oh.

The poliss maun be nearly due –
they'll hae me in Barlinnie-oh.

WIFIE   Sae why bide here, ye cuddy?

LUVER   Oh, gin the poliss grup me –
ma Gode! it gies me palsy –
they'll shairly tak and whup me
in the middle of the calsay.

WIFIE   But no fornenst ma housie;
they'd pit the blame on me-oh.
G'awaa wi ye, nou wud ye?

Light in the Head

His head, he told me, was theatrical
in plan and elevation. At the back
the roomier front-of-the-house was dark
except for lit-up, lying exit-signs.

Light streamed on him through the proscenium
to where he had a kind of royal box,
used light, reflected from the stock
company walking through rehearsed parts.

Actors, the light, himself, all in his head,
he vehemently said; the moving act
was played by dummies made of wax.
Impossible, I blurted, eyeing him.

He faded. I could see the light go back
behind his eyes. 'The play is theirs, not mine.
They act,' he said. 'I feel.' And then:
'They've dropped the safety-curtain. All is dark.'

Eros

Eros has taen me unaware
     and stouned me wi twa stanes;
fowre of my nerves he has laid bare
and tuned them til a pitch fu sair
     owre aa my dirlan banes.

He's pued threids frae the yaud's tail-hair;
    he's laid them twae by twae.
Sax and echty strands and mair
he's rubbed wi rosit reuch as care
    and syne begood to play.

My nervestrings screich frae hichts of wae
    a reichel wrocht of pains
wad gar reid bluid rin wan and blae:
his tune's a lady mild and gay;
    douce joy wi her remains.

A Visit

I hadna seen him, I forget hou lang.
a Jaguar at my door, I asked him in,
he snoovit ben the hous on souple shuin,
shone me a smile, a white, weill-dentured fang.
I thocht it ceevil of him to ring my bell,
he was fair frienly-like, ettlin to please,
no unco-arrogant, and didna mell
wi my affairs, he pit me at my ease:
I catcht a glisk of near-forgotten hell.

Ghaisties

Cauld are the ghaisties in yon kirkyaird,
    and cauld the airms
that they mell wi the mists of the timm breists of their loves;
at the heid of their bed cauld angels staund on guaird,
    and marble doves.
They ken-na the fear of Gode, as they sleep ayont sin,
    nor the terror of man,
and there's nane but the angels to glunch at their trueloves' chairms,
yet they lang for the reek of the creeshie swat frae the skin
    and the grup of a haun.
But we in the warld are alowe
wi the glawmer of bluid-reid flame
that loups to the bluid in yer tongue's tip as it tingles on mine,
    and the howe

of the back we love wi our finger-nebbs, and the wame,
brent-white, wi a flush aneath like cramosie wine,
hou it curves to meet my ain!
      O, ma sonsie frow,
whit tho the flesh be bruckle, and fiends be slee,
the joys of the solid earth we'll pree or they dwine,
we'll lauch at daith, and man, and the fiend, aa three,
        afore we dee.

Embro to the Ploy

In simmer, whan aa sorts foregether
in Embro, to the ploy,
fowk seek out friens to hae a blether,
or faes they'd fain annoy;
smorit wi British Railways' reek
frae Glesca or Glen Roy
or Wick, they come to hae a week
of cultivatit joy,
         or three,
in Embro to the ploy.

Americans wi routh of dollars,
wha drink our whisky neat,
wi Sasunachs and Oxford Scholars
are eydent for the treat
of music sedulously high-tie
at thirty-bob a seat;
Wop opera performed in Eytie
to them's richt up their street,
        they say,
in Embro to the ploy.

Furthgangan Embro folk come hame
for three weeks in the year,
and find Auld Reekie no the same,
fu sturrit in a steir.
The stane-faced biggins whaur they froze
and suppit puirshous leir
of cultural cauld-kale and brose

see cantraips unco queer
        thae days
in Embro to the ploy.

The tartan tred wad gar ye lauch;
nae problem is owre teuch.
Your surname needna end in -*och*;
they'll cleik ye up the cleuch.
A puckle dollar bills will aye
preive Hiram Teufelsdrockh
a septary of Clan McKay,
it's maybe richt eneuch,
        verfluch!
in Embro to the ploy.

The auld High Schule, whaur monie a skelp
of triple-tonguit tawse
has gien a hyst-up and a help
towards Doctorates of Laws,
nou hears, for Ramsay's cantie rhyme,
loud pawmies of applause
frae folk that pey a pund a time
to sit on wudden raws
        gey hard
in Embro to the ploy.

The haly kirk's Assembly-haa
nou fairly coups the creel
wi Lindsay's Three Estaitis, braw
devices of the Deil.
About our heids the satire stots
like hailstanes till we reel;
the bawrs are in auld-farrant Scots,
it's maybe jist as weill,
        imphm,
in Embro to the ploy.

The Epworth Haa wi wunner did
behold a piper's bicker;
wi *hadarid* and *hindarid*
the air gat thick and thicker.

Cumha na Cloinne pleyed on strings
torments a piper quicker
to get his dander up, by jings,
than thirty u.p. liquor,
        hooch aye!
in Embro to the ploy.

The Northern British Embro Whigs
that stayed in Charlotte Square,
they fairly wad hae tined their wigs
to see the Stuarts there,
the bleidan Earl of Moray and aa
weill-pentit and gey bare;
Our Queen and Princess, buskit braw,
enjoyed the hale affair
        (see Press)
in Embro to the ploy.

Whan day's anomalies are cled
in decent shades of nicht,
the Castle is transmogrified
by braw electric licht.
The toure that bields the Bruce's croun
presents an unco sicht
mair sib to Wardour Street nor Scone,
wae's me for Scotland's micht,
        says I
in Embro to the ploy.

A happening, incident, or splore
affrontit them that saw
a thing they'd never seen afore –
in the McEwan Haa:
a lassie in a wheelie-chair
wi naething on at aa,
jist like my luck! I wasna there,
it's no the thing ava,
        tut-tut,
in Embro to the ploy.

The Café Royal and Abbotsford

are filled wi orra folk
whaes stock-in-trade's the scrievit word,
or twicet-scrievit joke.
Brains, weak or strang, in heavy beer,
or ordinary, soak.
Quo yin: This yill is aafie dear,
I hae nae clinks in poke,
        nor fauldan-money,
in Embro to the ploy.

The auld Assembly-rooms, whaur Scott
foregethert wi his fiers,
nou see a gey kenspeckle lot
ablow the chandeliers.
Til Embro drouths the Festival Club
a richt godsend appears;
it's something new to find a pub
that gaes on sairvan beers
        eftir hours
in Embro to the ploy.

Jist pitten-out, the drucken mobs
frae howffs in Potterraw,
fleean, to hob-nob wi the Nobs,
ran to this Music Haa,
Register Rachel, Cougait Kate,
Nae-neb Nellie and aa
stauchert about amang the Great,
what fun! I never saw
        the like,
 in Embro to the ploy.

They toddle hame doun lit-up streets
filled wi synthetic joy;
aweill, the year brings few sic treats
and muckle to annoy.
There's monie hartsom braw high-jinks
mixed up in this alloy
in simmer, whan aa sorts foregether
in Embro to the ploy.

To Robert Fergusson

Fergusson, tho twa-hunder year
awa, your image is mair clear
nor monie things that nou appear
            in braid daylicht.
What gars perspective turn sae queer?
            What ails my sicht?

Pairtlie, nae dout, because your een
gey clearlie saw the Embro scene
in times whan Embro was a quean
            sae weill worth seein
that life wi her still had a wheen
            guid things worth preein.

A hameil, Scottish place eneuch,
whas life was steiran, het and reuch
whilst yet the fairmer wi his pleuch
            turned owre the sod
whar classie Queen Street and Drumsheugh
            nou stand sae snod.

But what a pairtner for your life!
Gey like a weill-bred, cantie wife
wha wears an apron, no cauldrife
            wi fause gentilitie,
wi mind keen-edgit as a knife,
            used wi civilitie.

In ae gret tenement or land,
a muckle rubble biggin, planned
to hain grund-rent, folk wad be fand
            aa mixter-maxter
lordies and lawyers, no owre grand
            to ken a baxter

or Ramsay wi his curlin-tangs,
guid makar baith of wigs and sangs,
or, Fergusson, yoursel; sae lang's
            ye werena blate,
they were your friens, whatever bangs
            were sair'd by fate.

Altho to tred a lawyer's hack
peyed by the bodle or the plack
for scrievin till your wrist wad crack,
        baith ear and late,
yet of guid friens ye had nae lack
        in ilk estait.

The 'Cape's' self-knichtit cavaliers
'Sir Scrape-Greystiel' and siclike fiers,
they waled ye weill abune their peers
        for cannie capers
whan ye'd got throu, wi nae arrears,
        your stent of papers.

Hou gleglie they'd kick owre the traces
in the Daft Days or at Leith Races,
wi trips to Fife or siccan places
        to stech their leisor
wi drouthie ploys, while plookie faces
        birslit wi pleisor.

And what a knack ye had of screivin
in caller verse yon rowth of levin,
your wee stane warld, fechtin, thievin,
        drinkin and swinkin,
wi muckle fun and puckle grievin
        and fowth of thinkin.

In praise of Wilkie ye declared
his verses wad be aye revered
while slaw-gaun owsen turned the swaird;
        nou ither factors
hae shown the doctor gey ill-sair'd –
        we dae't wi tractors.

But this I'll say: while there's a still
in Scotland, or a pint of yill,
houever washie, fit to swill
        atween the tide
at Leith Port and the Blackford Hill,
        your fame sall byde.

Whan Daith raxed out his airm and cleikit
Ramsay, folk thocht the yett was steekit,
yet sune your makar's burgess-ticket
        gied ye the freedom
of Scottish verse, in whilk were eikit
        baith hert and smeddum.

For ye had at your fingernebbs
real levan words to weave your webs
of sound and sense, of smiles and slebs,
        whilst Embro callants
ne'er thocht to runkle up their nebs
        at guid braid Lallans.

And yet, owre surelie did ye ken
guid Scots wad mak bad Englishmen
whan owre faur South they keekit ben
        and sune were smitten,
tho barelie three-score years and ten
        had seen Great Britain.

South-keekan Scots gaed skellie-ee'd
and tuke it in their tawpie-heid
to hae their bairns anglified
        and gar their stiff tongues
transmogrifie their Lallan leid
        frae vowels to diphthongs.

Of Heriot's or Watson's ghaist
or yours, I wonder whilk is maist
dumbfounert, dozent and bumbazed
        wi indignation
to see our modern Embro taste
        in education.

We may jalouse George Watson's banes
will gowl the maist wi grieslie maens
nou that his schule for puirtith's weans,
        foundit sae weill,
chairges sic fees and taks sic pains
        to be genteel.

No that I'd hae a body think
our toun's the waur of bein perjink
in some weys; Embro's famous stink
   is banish'd nou;
gane are the shouts, that garred ye jink,
   of 'Gardyloo!'

Our fulyie's pusionit the Firth
and caused, I dout, an unco dearth
of thae Pandores of muckle girth
   ye thocht sae fair;
what wad ye think our gain was worth?
   I'm no that shair.

Auld Reekie's bigger, nou, what's mair,
and folk wha hae the greater share
of warldlie gear may tak the air
   in Morningside,
and needna sclim the turnpike stair
   whar ye wad byde.

But truth it is, our couthie city
has cruddit in twa pairts a bittie
and speaks twa tongues, ane coorse and grittie,
   heard in the Cougait,
the tither copied, mair's the pitie,
   frae Wast of Newgate.

Whilk is the crudd and whilk the whey
I wad be kinna sweirt to say,
but this I ken, that of the twae
   the corrupt twang
of Cougait is the nearer tae
   the leid ye sang.

Thir days, whan cities seem unreal
to makars, inwit gars us feel
fause as the hauf-inch marble peel
   in Princes Street
whar new shop-fronts wad shame the Deil
   wi their deceit.

A conter, we've some rotten riggin
of ratton-eaten Cougait biggin
that heard langsyne the skeelie jiggin
            of your new verse.
Hard-pressed, I wale yon airt to dig in
            and micht dae worse.

Our life's a bogle-hauntit dream
owre thrang wi wirrikows to seem
quite real; our fun a fireflaucht-gleam
            whang'd throu a nicht
of gurliewhirkies huge and breme,
            loppert wi fricht.

Ye gaed about in guid braid claith
wi fient a thocht of want or skaith,
in howffs at hy-jinks never laith
            to blaw your chanter,
syne in cursed Darien's bedlam, Daith
            wrocht your mishanter.

What gart ye break throu reason's ice?
Compared wi ye, we're no sae wyce.
Maybe we're yaised wi madness; vice
            and lust for pouer
bring furth some hellish new device
            ilk ither hour.

Was it the dreidit mental state
in whilk things yerdlie, smaa and great,
become irrelevant, and Fate
            dauntin the Kirk,
glowres at a man frae ben Hell's gate
            throu endless mirk?

Syne even poetrie becomes
a naething, an affair of thrums
of words, words, a noise that jumms
            wi leean skreed,
the purport tint, man's sperit numbs –
            as weill be deid.

The flicker-pictur on the screen
bursts as by boomb-blast, and is gane;
what was sae firm and good yestreen
          seems foul indeed.
Syne a man brenns his buiks bedeen,
          afore he's deid.

Ye didna hae to fash your thoombs
wi hydrogen or atom boombs,
nor monie a nesty thocht that soums
          aye in our heid
and flegs us in our flimsie rooms,
          and yet, ye're deid.

Aweill, ye're deid, gey lang sinsyne –
the Scottish elegiac line
I'll spare ye, tho, as ye ken fine,
          ye scrievit monie
crouse stanzas whan ye'd cam to tine
          some decent cronie.

My ain toun's makar, monie an airt
formed us in common, faur apairt
in time, but fell alike in hert;
          I whiles forget
that ye ligg there ablow the clart
          of Canogait.

Like me, nae dout, wi muckle darin,
ye pree'd grim joys at Muschat's cairn
and grugous thochts of Effie's bairn,
          or, as a laddie,
ye skliddert doun, for scarts no caring,
          the Guttit Haddie.

The auld High Schule (gane Royal syne)
your Alma Mater was and mine,
and whar ye construed, line by line,
          the Gallic Weirs
we ken the airt, doun by the Wynd
          of the Black Friars.

The wind that blaws frae Nor to South,
skirlan frae ilka close's mouth,
has nithert baith o's in our youth
              and coupt us, whiles,
as we gaed hame wi slockent drouth
              doun by Sanct Giles'.

But aye we'd rise wi little hairm
and cleik ilk ither by the airm,
singan in unison to chairm
              awa the skaith,
syne seek some cantraip, harum-skarum
              and naething laith.

Ye stickit minister, young Rab,
ye wadnae hain your giff-gaff gab
frae me, a dominie or crab
              aye stickan it,
nor gruch your brain, nor cry me scab
              for pickin it.

To Warld's End Close frae Ramsay Lane
we'd ding Auld Reekie's black rigg-bane.
Man Ne'er-gate's ten-hour bell had gane
              that wadnae daunt us;
I'd gie scotch-convoy back again
              to Dawnie Douglas.

Ye'd quote frae Ramsay, I frae Grieve;
wi Happy Days your wame I'd steeve
and aye the mair ye'd hae me prieve
              your aqua vitae,
syne we wad rair out sangs to deave
              the swuffan citie.

Up gaed ilk sash wi feck of skriekan,
frae the wee windaes heids were keekan;
the Embro folk gied owre their gleekin
              for very joy;
in ae bricht lowe we aa were beekan –
     wow! what a ploy!

But ach! the nippie-tongue of morn
pits aa sic glaumerie to scorn;
I stand here, glaikit and forlorn
        in Canongait,
ettlesome, yet feart to sorn
        on your estait.

Robert, fareweill; I maun awa.
My gait is stey, no wyce ava,
by Jacob's Ladder, Burns's smaa
        Greek pepperpat,
Sanct Andrew's Hous an' aa an' aa –
        nae mair of that!

Pechan, I turn, whilst aye your leid
of lowan Scots sounds in my heid
wi levan braith, tho ye ligg died;
        I glowre faur doun
and see the waesom wrak outspreid
        of your auld toun.

Syne trauchlan up the brae yince mair,
frae Canogait, I leave ye there,
whar wee white roses scent the air
        about your grave,
and til some suburb new and bare
        gang wi the lave.

My Faither Sees Me

My faither sees me throu the gless;
why is he out there in the mirk?
His luik gaes throu me like a dirk,
and mine throu his, baith merciless.

Taen-up aa wi my affairs,
what I maun spend, what I maun hain,
I saw throu the black shiny pane;
he tuik me geynear unawares.

I see him, by the winnock-bar,
yerkan his heid as I yerk mine;

luik maikan luik in double line,
ilk of the ither is made war.

Yon luik has flasht frae my faither's een
in Edinbrugh, and hou faur hyne
in Sutherland, and hou lang syne
in Stromness, Dornoch, Aberdeen?

I beik about my cosy, bricht,
fluorescent electric warld.
He sees me yet, yon norland yarl;
I steik my shutters guid and ticht.

Glawmrie

By Earlston, this fourth of June,
    a ferlie I spied wi my ee:
Tammas, frae yon same Ercildoune,
    ken'd-na the like at the Eildon Tree.

In a wee whunstane but-and-ben
    I saw a toure flee frae the yird,
and in yon toure I saw twa men,
    in U.S.A. by Early Bird.

Smailholm Toure has been upricht
    fu lang. I wannert there-awa
and wunnert if I'd hae a fricht
    whan Smailholm blastit-aff anaa.

What michtna happen on this cleuch
    sae near owrebye the Eildon Hills?
There's ferlies, even, richt eneuch,
    in Hawick and Gala, at the mills.

But here, inbye the glawmrous howe
    ablow yon triple-bubble brae,
wi rustless blade and rot-prufe bow,
    King Arthur's horse and men staund-tae.

I read thae verses frae my buik
    till a black-fac'd yowe, by Smailholm waa.
She gied me an auld-farrant luik,
    Borderer-like, and answered, Baa.

A Near-sichtit Whig View of the Forty-five Rising

(TUNE: *Coleshill*)

Fifteenth September, Forty-five,
        a Sabbath day anaa,
the Hielandmen merched east-about
        and wan til Edinbro.

We heard the news at Glencorse Kirk,
        the time of jowin-in;
fu lang the minister held furth
        afore his word was duin,

a monie-heidit discourse, wi
        an exhortatioun
forbye, while bare-dowpt Hielandmen
        were mairchan on the toun.

No that I fidged owre eydentlie
        to slay them wi my sword,
nor countit Embro's fate abuin
        the preachin of the word.

But thon wad be an unco sicht
        weil worth the darg of seein,
what time the minister gied owre
        his preachin and his prayin.

For aa our hoasts and fidgetin
        we naethin cuid prevail,
nor garr John Wilson haud his wheesht
        and bid us aa to skail.

Lowsit at last, I sclimt the Pent-
        lands' hicht abuin Glencorse
and lookit laigh owre Corstorphine
        to see their puckle horse.

Neist day I saw the Hieland wifes
        and baggage-cairts haud on
by the Braid Hills, and gang their gait
        to camp at Duddingston.

Syne, near eneuch and faur eneuch,
        on Canaan-muir I stood
and gliskit Chairles and his host
        gae doun til Holyrude.

As I gaed inbye Bristo Port,
        forenenst auld Embro's doors,
thae caiterpillars stood on guaird
        wi rusty drawn claymores.

Twa loons wi saxteenth-century guns
        were guairdan the Puir's-hous:
they bate the thickets of their plaids
        and stertit monie a lous.

They yerkit frae their tartan lirks
        of beasties monie a brace,
syne east-about and wast-about
        flang them attour the place.

The Minister of Liberton,
        I spiered him in the street,
Are they the rogues hae taen our toun
        and wan it by deceit?

He said he'd suiner that the French
        had come to ding our pride,
but the deevil and the deep sea baith
        were geyan ill to bide.

Wi heralds at the Mercat Cross
        they cried their Chairles king:
to set his heid on Ne'erbow Port
        wad be mair like the thing.

They met John Cope at Prestonpans
        and tuke him by surprise:
the land was thrang wi caterans
        or deevils in disguise.

They cam, they said, to sairch for airms,
        and nabb'd what they cuid get,
like Border reivers, what was no
        owre heavy nor owre het.

They ripit Howgate and Glencorse
          and rummaged throu Boghaa,
set Straton's baps upo the fire
          and drank his usqueba.

Frae Woodhouslee they gat som clinks
          and sheets dern'd in the stacks;
they liftit frae a sairvan-man
          the sum of five-and-sax.

They pressit aa the horse and cairts
          they fand at Colinton Mains,
brak aa the fairmer's plenishin
          and tuke sax siller spunes.

They mairchit on til Edinbro,
          leavan us aa to murn,
and syne gulravaged in the pub-
          lic house at Lothianburn.

The Swanston men socht our new king
          wha'd cowpt us hiddiegiddie;
he tellt them, gin they nabb'd the thieves,
          he'd hing them frae the widdie.

That was as muckle as he did
          to ease our fell distress,
until I saw their hinder-ends
          throu my ain prospect-gless.

Fu clear I saw the Hieland host
          in ripit sarks gey trig
wi pipers blawan at their heid
          mairch on by Milton Brig.

General Cope's haill waggon-train
          they had, wi fowth of gear,
and sae they tuke the Peebles gait:
          we wusst them muckle cheer.

Neist day upo the Castle Law
          deserters three were taen,
and ane had got a bludie heid
          sair duntit wi a stane.

They cairriet them to Boghaa Fairm,
        on wey til Embro Toun,
and timmit frae their spleuchan-pokes
        five guineas and a croun.

Nou let us sing, Sune may our king
        drive the Pretender hyne,
and may he keep thae caterans
        north of the Hieland Line.

Sisyphus

Bumpity doun in the corrie gaed whuddran the pitiless whun stane.
Sisyphus, pechan and sweitan, disjaskit, forfeuchan and broun'd-aff,
sat on the heather a hanlawhile, houpan the Boss didna spy him,
see in the terms of his contract includit nae mention of tea-breaks,
syne at the muckle big scunnersom boulder he trauchlit aince mair.
Ach! hou kenspeckle it was, that he ken'd ilka spreckle and blotch on't.
Heavin awa at its wecht, he manhaunnlit the bruitt up the braeface,
takkan the easiest gait he had fand in a fudder of dour years,
haudan awa frae the craigs had affrichtit him maist in his youth-heid,
feelin his years aa the same, he gaed cannily, tenty of slipped discs.
Eftir an hour and a quarter he warslit his wey to the brae's heid,
hystit his boulder richt up on the tap of the cairn – and it stude there!
streikit his length on the chuckie-stanes, houpan the Boss wadna spy him,
had a wee look at the scenery, feenisht a pie and a cheese-piece.
Whit was he thinkin about, that he jist gied the boulder a wee shove?
Bumpity doun in the corrie gaed whuddran the pitiless whun stane,
Sisyphus dodderan eftir it, shair of his cheque at the month's end.

The Humanists' Trauchles in Paris

(translated frae George Buchanan)

(*Quam misera sit conditio docentium literas humaniores Lutetiae*)

Muses, fareweill! Fikefacks, awa!
and yon Castalian spring anaa,
whaur Phoebus' choir maist likes to blaw
        and bumm and blatter,
awa wi ye, I've had eneuch!

Fu lang ye've coupt me owre the heuch;
seek wha can syke a lyric souch
       on nocht but water.

Begowkit by Apollo's lyre,
the callant leaves his faither's byre
and lists for hauf-a-bodle's hire
       to sair the muses.
The day's owre short; faur intill nicht
his youth-heid dwines by caunnle-licht;
to get a dortie stanza richt
       he sweits and gruzes.

Tyauvan owre root and paradigm
whan cottar-folk are in their prime,
he's nabbit lang afore his time
       by forcy age.
Nicht lowses plewmen frae their wark;
sleep lowns the shipman in his ark;
the Ionian Sea whiles, still and dark,
       gies owre its rage.

The scholar's nicht is ae lang tulyie
to cleanse frae mirkie texts the fulyie
by aid of reikan wick and ulyie
       the whilk he snowks,
fylan his lungs to clear up maitters
of great import to men of letters,
tho quite unkenn'd by mensefu craturs
       immune to bukes.

Even the wee-est hinger-on
or ghillie in B-Echelon
of Calliope's ranks maun groan
       amang lamp-soot:
ye'd think, wi the Hesperides
he stude on guaird aneath the trees
to keep frae reivan Hercules
       the gowden fruit.

Waukan lang syne the midnicht hour,
he rummages amang the stour

of manuscripts, until his pouer
        is wede awa.
Agin a fae he canna see,
in ingyne warslan inkerlie,
he garrs ding on the thochtis slee
        till day sall daw.

Hauf-gyte wi aa this inwart fecht
agin things wantin size and wecht,
he scarts his pow, houiver stecht
        it be wi harns;
he dunts his desk, he bites his nails,
Clio nor Phoebus him avails,
in middle-eld his force him fails –
        pale grow his starns.

Forfairn wi wark, or morn he dozes
amang his lacunae and glozes,
while stanzas in his dreams, or proses,
        papple and fester.
Bang! gaes the bell; the raw recruits
of learin huddle on their clouts,
hae a cat's lick, blaw doun their snouts:
        in comes the maister.

Lang is his goun, a flegsom sicht.
Virgil in's left neive, in his richt
the felloun tawse wi whilk to dicht
        the students' hurdies.
Nou frae the professorial chair
wi cannie lear he shaks the air,
bawlin, until his lungs are sair,
        auld crabbit wordis.

Wi aa his micht he taks a text
apairt, examines and dissects
its moniplies, and sune detects
        in meisure luckie,
important facts that werena gien
til earlier scholars; nou they're seen
raxt frae their shells, jist as a preen
        howks out a buckie.

Meantime the students snore like grumphies
or wauken wi the thochts of tumphies
or nane ava, puir donnart sumphies,
      as wyce as cuddies.
Tane's absent, and they seek the tither,
'adsum', altho he cam-na hither,
eydent in cheatrie, tho owre lither
      for honest studies.

Fu monie a mauchless laddie shauchles,
some wantin buitts or shod wi bauchles;
wi belly-thraw yon fellow trauchles,
      white as a ghaist.
For screivin hame ane gets a skelpin,
the room is deavit wi his yelpin;
denner comes neist, wi scanty helpin
      gowpit in haste.

Lessons again, wi prayers to follow –
back on parade to sair Apollo
wi greitan een – they rise to swallow
      the gloaming-meal.
The day is gane, but no their fash;
nae time to pley, nae time to gash;
Parnassus garrs ye stech your pash,
      its hichts to speil.

Why suid I threpe our ilka scunner
or name a wheen amang a hunder?
That they are tholed wad gar ye wunner
      at man's free-will.
Nou the *galoches* breenge in like bruitts,
duntan the flair wi muckle buitts;
deif in baith lugs ilk dowfart sits
      and claggs the schule.

Apollo gat a better hearin
frae Marsyas nor they gie our learin:
til Montaigu they skail, aa flearan,
      or some sic college
whaur scholars needna satisfie

standards abuin the A.B.C.
and Alexander's text may be
          their source of knowledge.

Why shuid I tell hou aft some fule
defends ance mair Orestes' dule
or fair jurmummils ilka rule
          in maitters metric?
As in the halflin's left-side kist
nae throb is heard, his folk persist
wi angry plentes of chances missed
          to lowe in rhetoric.

They tell us ilka fruitless year
does nocht but reive them of their gear,
but nocht-for-thy, they're unco sweir
          to maik their tort
wi ours, or yaise the samyn meisure
to met our wark, our want of leisure,
whilst we, wha gie up ilka pleisure,
          get naethin for't.

Forbye, aside the muses' ranks,
gaes puirtith some airt on their flanks,
a sodger leal that never stanks
          on onie mairch.
Maybe ye scrieve in wechtie warks
of armies fechtan wi the Turks;
to find the gait whaur puirtith lurks
          ye needna sairch.

Or gin ye set saft-hairtit sangs
til the wee clarsach's douce ting-tangs,
sprent aa wi flures and luvers' pangs,
          it's aa the same.
Whether your tred's the cantie Sock
or some bombastic tragic trock,
on water-gruel out of crock
          ye sup at hame.

In short, if poetry's your lot,
there's unco little to be got

frae scrievin or frae teachin o't
            for breid and butter.
Unconscionable want will bide,
a trustie fier, aye by your side,
a leal and never-failing guide –
            strecht for the gutter.

Seven touns wad hae the fame
of being Homer's natal hame,
but, levan, he laid scanty claim
            til hous or hauld.
Virgil, wantin waith and heil,
  tined his faither's croft alsweill;
Statius wad aften feel
            hunger and cauld.

Ovid in exile rued his braith
  that sair'd the muses til his skaith,
and, levan, murnit his ain daith
            on fremmit knowes.
The makars' god himsel forbye,
  at getherin gear was no that fly.
What was he daean, herdin kye
            or tellin yowes?

What was it garr'd Calliope
  thole liefu-lane virginity?
She never gat a penny-fee
            to hain for tocher.
Time slips awa; the makar's beld,
wi blearit een and feet unstell'd,
sair hadden-doun by want and eld,
            a laitheand slocher.

Mummlan his crust of puir's-hous breid,
he sair regrets his tined youth-heid,
that, like a fule, he coost his seed
            on hungry rig.
Fusionless muses, haud awa!
Seek out some ither Johnnie-raw
to sair ye. As for me, I'll caa
            anither jig.

Garioch's Repone til George Buchanan

Aye, George Buchanan, ye did weill
to wuss thae callants to the Deil
and lowse yoursel frae sic a creel;
     I've felt the same mysel.
We hearit your sad story throu
wi muckle sympathy, sae nou
     hear what I hae to tell.
I've screivit monie a sang and sonnet
sin owre my heid they waved thon bonnet
     made out of your auld breeks,
and see me nou, a makar beld
wi bleerit een and feet unstell'd,
     no worth a cog of leeks.
And, like a leek upturned, I'm seen
white on the tap, but gey green
     in ither weys, I dout;
Maister of Arts, but wantin craft,
sma wunner some folk think I'm daft
     and snicker in their snout
to see me thole, week eftir week,
thon wey of life made ye that seik
ye utter'd thanks in Latin speik
     the day whan ye wan out.
A dominie wi darnit sark,
raxan his harns frae daw til dark,
     maun luik gey like a fule,
whan couthie dunces pey him hauf
of what he'd mak on onie staff
     outside a council schule.
Guid luck to ye! But as for me,
it's a life-sentence I maun dree,
the anelie chance of winning free
     that I may mention
wi houpe, sae faur as I can see,
     my teacher's pension.
In kep and goun, the new M.A.,
wi burnisht harns in bricht array
     frae aa the bukes he's read,

nou realises wi dismay
he's left it owre late in the day
          to learn anither tred.
What has he got that he can sell?
nae maitter tho he scrieve a fell
guid-gaun prose style, Ethel M. Dell
          he canna rival.
Poetic pouers may win him praise
but guarantee nae fowth of days
          for his survival.
A kep and goun – what dae they maitter?
a kep and bells wad suit him better.
He's jist an orra human cratur,
          yaup as a lous.
Tho he be latinate and greekit,
he kens that ilka yett is steekit
          but Moray Hous.
Nou see him in his college blazer;
the Muse luiks on; it maun amaze her
          to see his tricks,
like shandy in the Galloway Mazer
or Occam tyauvan wi his razor
          to chop-up sticks.
Afore his cless he staunds and talks
or scrieves awa wi colour'd chalks;
nae mair by Helicon he walks,
          or e'en St Bernard's Well.
In clouds of blackbrod stour he's jowan
anent some aibstract plural noun,
while aa the time his hert is lowan
          in its wee private hell.
At nine a.m. she hears him blaw
his whustle, and lay doun the law
out in the pleygrund, whether snaw
          shoures doun, or Phoebus shines.
Wi muckle tyauve she sees him caa
chaos til order; raw by raw
he drills his bairns in mainner braw,
          weill covert-aff in lines.
They mairch til the assembly-haa

to sing a psalm and hear a saw
or maybe jist a threit or twa,
      as the heidmaister chuse.
Syne in his room she sees him faa
to wark; she hears him rant and jaw
and hoast and hawk and hum and haw,
blatter and blawp and bumm and blaw
and natter like a doitit craw,
teachin his bairns to count and draw
and chant gizinties and Bee-baw,
and read and spell and aa and aa,
faur owre taen-up wi maitters smaa
      to mind him of the Muse.
Whan schule has skailt, he maun awa,
whaur? ye may speir – to some green shaw
to meditate a poem? – Na!
      His lowsan-time is faur
aheid: to organise fi'baw
      and plouter in the glaur.
Late in the day he hirples hame
wi bizzan heid, a wee-thing lame,
and indisjeesters in his wame,
      and that may cause nae wunner:
whan ither folk may dine at hame,
      he's dishin-out schule-denner.
Sae ilka week and month and year
his life is tined in endless steir,
grindin awa in second-gear
      gin teaching be his fate.
The Muse, wha doesna share her rule
wi sordid maisters, leaves the fule,
      sans merci, til his fate.

     MORAL

Lat onie young poetic chiel
that reads thae lines tak tent richt weill:
     THINK TWICE, OR IT'S OWRE LATE!

PART II

The Bog

The lyft is lourd abuin the hechs and howes,
    peat-bog-and mist hae left nae space atween;
    the puddock cours doun frae the wecht abuin,
here is nae leevin-space for men or yowes.

We fecht to lowse oursels, we coup and skar
    and joater menseless in the foazie grun,
    feart to bide still, and fusionless to rin,
we plouter on, forfeuchan, through the haar.

We rax doun, seeking rock, wi feet grown nesh
    frae clatchin in thae never-ending clarts,
    ettlin to traipse on stanes, to thole their scarts,
and win to some green haugh, kind to the flesh.

Tho weill we ken it's aye the same auld place,
    we fuil oursels to pech and plouter on
    frae this black oily puddle-hole to thon,
that gies the meisor of our hirple-pace.

Our thochts are aye on skinklan burns, dour rocks,
    clean waters we cuid loup frae stane to stane,
    bricht in the sun or weet wi dounricht rain,
dazzlit wi licht and stoun'd by solid shocks.

But maist we think of gangin ither airts,
    whaur we micht hae faur distances in sicht,
    think lang to traivel til a warld of bricht
pure colour in outlandish foreign pairts.

Sae we jalouse some howff juist owre the brae,
    some hevin abuin the sterns, juist out of sicht,
    whaur we cuid gae the morn, gin we micht
loup owre the muin, as did the famous quey.

Wanting some yirdlie hevin for Almains,
    the Fuhrer maks a furore in our lugs;
    we bield in ivory touers or Luftwaffe-skugs,
while bummlan boomers threaten broken banes.

Thae men that fetch us boombs frae yont the seas,
    heich in their Heinkels, ken the same despair;

they maun skite flat-out on the slidder air,
forever doomed, like us, to future ease.

Nou the impassioned banshees, in F-moll,
    screich out wi siren voices, anger-riven,
    Beethoven's chord of Opus 57,
the same that skeiched us in the Usher Hall.

The causey street we staund on shaks and shogs,
    freestane fowre-storey housses flee in air;
    real super-realism everywhere
maks grand pianos mate wi clarty bogs.

The bog – I ken the feel o't weill eneuch,
    tak its conditions, staund and dinnae fecht
    to lowse my feet, and find it tholes my wecht
ablow the haar, gin but my heid be leugh.

And here are colours braw as onie shroud:
    broun and dark broun, black and mair black, an aa
    the fud or hint-end of the watergaw,
whaur I hae fand my forpit-met of gowd.

The Wire

This day I saw ane endless muir
wi sad horizon, like the sea
around some uncouth landless globe
whaur waters flauchter endlessly.

Heather bell and blaeberry
grow on this muir; reid burns rin
in clear daylicht; the luift is free
frae haar, and yet there is nae sun.

Gossamers glint in aa the airts,
criss-cross about the lang flure-heids
of girss and thristles here, and there
amang the purpie willow-weeds.

Bog-myrtle scent is in the air
heavy wi hinnie-sap and peat
whiles mellit like uneasy thochts

wi something human, shairn or sweit.

Nou guns gaun aff, and pouther-reik
and yappin packs of foetid dugs,
and blobs of cramosie, like blebs
of bluid squeezed frae vanilla bugs

pash suddenlike intill the licht
that dings on this unshadowed muir
frae ilka airt, and syne are gane
like tourbillions of twisted stour.

The criss-cross gossamers, the while,
twang owre the heather, ticht and real;
I ken, houever jimp they seem,
that they are spun frae strands of steel.

And they are barbed wi twisted spikes
wi scant a handsbreidth space atween,
and reinforced wi airn rods
and hung about wi bits of tin

that hing in pairs alang the Wire,
ilkane three-cornered like a fang:
clashin thegither at a touch
they break aukwart the lairick's sang.

Heich in their sentry-posts, the guairds
wha daurna sleep, on pain of daith,
watch throu the graticules of guns,
cruel and persecuted, baith.

This endless muir is thrang wi folk
that hirple aye aa airts at aince
wi neither purport nor content
nor rest, in fidgan impotence.

They gae in danger of the Wire
but staucher on anither mile
frae line to line of spider steel
to loup anither deidlie stile.

A man trips up; the Wire gaes ding,
tins clash, the guaird lifts up his heid;

fu slaw he traverses his gun
and blatters at him till he's deid.

The dugs loup on him, reivan flesh,
crunchin the bane as they were wud;
swith they come and swith are gane,
syne nocht is left but pools of bluid.

Bluid dreipan doun amang the roots
is soukit up the vampire stem
and suin the gaudy felloun flures
begowk the man that nourished them.

Some pairts the Wires close in and leave
smaa space whaur men may freely gang,
and ilka step is taen in dreid;
there flures and men maist thickly thrang.

A man gets taiglit on a barb,
endlang his wame the cauld fear creeps;
he daurna muve, the hert beats hard,
but beats awa. The sentry sleeps.

Aye! his virr comes back in spate,
as some auld trout this man is slee;
he hauds himsel still as a stane,
back comes his ain self-maistery.

Cannily he sets to wark,
warp by warp his sleeve is free,
it hings nou by a single threid:
loud clash the tins and bullets flee.

Forrit and back and in and out
they darn in waesome figure-dance;
bydin still they canna thole
and ilk man warks his ain mischance.

They see the Wire, and weill they ken
whilk wey it warks. In middle-air
the glintan guns are clear in sicht,
tho nae man kens wha set them there.

Impersonal in uniform,
the guairds are neither friens nor faes;

nane ettles to propitiate
nor fashes them wi bribes or praise.

Efficient and predictable,
they cairry out their orders stricht;
here naething happens unforeseen;
it is jist sae, no wrang nor richt.

On this dour mechanistic muir
wi nae land's end, and endless day,
whaur nae thing thraws a shadow, here
the truth is clear, and it is wae.

The crouds that thrang the danger-spots
weill ken what wey their warld's wrocht,
but aye the mair they pauchle on
to win release frae nigglin thocht.

Some pairts the pattern of the Wire
leaves clear for fifty yairds and mair
whaur soil has crined to desert stuir
wi scroggie bussels puir and bare.

Here some folk wycer nor the lave
or maybe suiner gien to skar
tether theirsels wi chains to stakes,
sae they may gang, but no owre far.

Birlan in wretchedness aroun
their safe lives' centre, they maun dree
temptation sair to break their chains
for aye they ettle to gang free.

Some stark and strang stravaig their yird
like shelties that hae never taen
the bit; mere smeddum drives them on,
their lives are short, but are their ain.

A wheen in orra ill-faur'd airts
on barren streitches of the muir
gae whaur nae bluid is ever shed
to drouk the dreich unslockent stour.

Within a pentagon of wire

they gang alane, or twae by twae,
thole the condition of their life
and dree the weird as best they may.

Alane in thon hale fremmit globe
thae slaw-gaun folk hae in their een
some sapience, as gin their looks
refleckit ferlies they hae seen

in their ain thochts, the nucleus
of man himsel is keethit there.
Expressed in terms of happiness
are premises of pure despair.

Thae guidlie folk are nae great men;
the best of men are unco smaa
whan in the autumn of despair
irrelevance has dwined awa.

Their syllogisms widdershins
wither the petal; syne the leaf
and stem crine in as life gaes doun
intill a corm of prime belief.

Wi utmaist pouer of forcy thocht
they crine their life within its core,
and what they ken wi certainty
is kent inby the bracken-spore.

And aye alane or twae by twae
they gang unhurt amang the noy
of thon fell planet, and their een
lowe wi the licht of inwart joy.

Outwartly they seem at rest,
binna the glint of hidden fires.
Their warld shaks, but they bide still
as nodal points on dirlan wires.

In ither airts, whaur folk are thrang,
the Wire vibrates, clash gae the tins,
flures blume frae bluidie marl, dugs
yowl throu the blatter of the guns.

I saw thon planet slawlie birl;
I saw it as ane endless muir
in daylicht, and I saw a few
guid men bide still amang the stour.

The Muir

Great Dante's Hell wes real eneuch to him,
wi cleuchs and corries scabbit owre wi snaw,
like Blaven's cross-cut outline, dour and grim,
that scairts our een wi his twa-handit saw.
In Hell the winds swack and the waters swaw
as on Loch Slapin. Even thae fell flumes
of bluid that dauntit Dante may recaa
to mind a yirdlie killin-hous wi lumes
for bluid of bestial that dreips and fumes,
gey scunnersom, binna to folk acquent
wi siccan sichts, that never fash their thoombs,
but wark there ilka day wi nae complent;
forbye, fornenst Loch Slapin, on the bent,
neist Blaven's craig, there staunds a but-and-ben.

In Glesca and in Hell muckle is kent
of reik and flames, by deevils and by men
levan or hauf-gaits levan, and they ken
in Edinbrugh the wey to freeze the ghaist
in ice as thick as thon in Dante's den.
Monie a time in Hell was Dante faced
wi glowres frae weill-kent neibors, nou disgraced,
aa ettlan for a crack, even amang
the busie dool of Hell, tho aye in haste,
deivit by deevils and forever thrang,
jist like oursels wha yet on yird may gang.
Thon was a flegsom ferlie Dante saw:
fire, craig, bog, haar, frore airts and rang by rang
whaur the frusche flesh of folk jurmummilt aa
God's ire maun gorroch and amidwart thraw
intill the sempiternal buller, doun.
Yet til a Scotsman there's a hameil caa
in this discrieval; for a Lallan loon,

or Hielan, there's a gey kenspeckle soun
in siccan crack of craigs to folk that may
hae puckle need to traivel faur aroun
their backland stair-heid or cot-hous to hae
a gloamin-sicht of siclike scenes as thae.

We may jalouse nae muckle cause to wunner
at Auld-licht ministers of yesterday
that frae the poupit-brod wad rant and thunner
anent the Pit, and dae their best to scunner
the non-elect predestinat to Hell,
a tyauve raised til ten-hunner times ten-hunner
pouers of the kind of thing he tholed himsel,
but recognisable whan on a snell
Februar morn the seizers yerkit him
intill cauld kirk at chack of Sabbath bell;
and Paradise preclair wi seraphim,
aureat in itsel, altho mair dim
to Scottish ingyne (Dante's anaa, I dout)
was human in a wey, wi aa that's grim
in yirdlie dispensations seindit out –
Badenoch in simmer, wi nae clegs about.

Tane wey or tither, Man's undeean ghaist
his kennan-sel cuid never dae without;
trummle he micht, but that he tuik on traist,
better a fley'd man nor a sowl-less baiste.
Nou as for us, we're duin wi sic auld-farrant
notions of Hell or Fairyland. Tho maist
divertit whan we read him some auld ballant
of True Thomas, a sempil-mindit callant
thae days will never think it ocht but lees,
sae what's to stop us gin we like to gallant
about, and hae our fling just as we please
wi nocht but yirdlie ills to spyle our ease?

In orra decads owre a thousan years
it happens that the trend of thinkin frees
a generatioun frae fenyit fears
disseminat by ministers or freirs,
syne folk may florische like the blackthorn flure

(in intervals frae pestilence or weirs).
And Rabelais pit furth gargantuan pouer
and slockent Europe's thrapple frae the stuir
of aa the later schulemen in ae draucht.
Gin I cud meet his ghaist at midnicht hour
I'd speir the secret of the cannie thocht
that cam to him wi his guid-willie wacht,
the samyn sup Kinde Kittock wycelie walit
thon time that, quod Dunbar, God leuk't and lauch't
whan the auld drouthie wife frae Hevin skailit,
jinkin Sanct Peter whan his glegness failit
for better brewis in the howff owreby.
But I forgot: it's lang sinsyne we sailit
faur ben on thocht's Sargasso. You and I
may haud nae crack wi ghaists, and needna try
eftir intelligible thochts of real
inhabitants of Hevin in the sky.
Altho on speaking-terms wi the Deil
Burns felt his micht in weys we canna feel.
Nou that the Deil's awa, our skaith's the waur;
for want of Hell we tine the Warld alsweill.

A plewman warslin in a warld of glaur
som weit back-end, hoast-hoastin throu the haar,
kens something of the stuff that maks our warld
and plouters owre it, cursing. On the scaur
of the brae-face abuin him, stanes are harled,
scourit by water-flumes, left smooth or gnarled;
to him they're naething but a feck of stanes,
blackish or pink or curiously marled.
Men like Hugh Miller gied theirsels the pains
to name and classifie the auld Yird's banes
but didna meddle wi her elements.
Nou Science taks apairt the very grains
that form our yirdlie intertenyments,
syne in the atomy the remenants
of aa reality are wede awa,
for atomies are nocht but filaments
of force that haud thegither nocht ava;
the plewman's chuckie-stane is jist a baa

made out of nocht, wi naething in Creation
but virr expressed in mathematic law.
God's law? – the formula's jist a notation
of hou the practick grees wi observation
of finite forces: God the Force supern
may kyth Himsel til us in an equation
in finite terms, and frae bukes we learn
ilk atomy has spaces tuim and dern,
like thon atween our ain Yird and her kin
lang reivit frae her, whilk we may discern
oursels, some nicht, wi Nevis' heid abuin
our ain, fowre thousan feet, and syne some thin
transparent cloud anither mile or mair
faurer ben intill space, and there's the Muin
birlin attour the Yird. My heid is sair
wi thinkin o't; my hairt stouned wi despair;
my thocht is like a grain of gritty stuir
that blaws about the desert evermair.

What maks the solid substance of this muir
I walk on, that wad seem to be a dour
vault for the cryptic damned, a flair for us
meantime? Electrons in ellipse attour
the atomy's wee massive nucleus,
balanced in void atween their impetus
to flee awa frae central government
and minus chairge that ettles for the plus.
Whatever truth the terms represent,
that's the notation of ilk element
that gaes to bigg the muir's anatomy,
whan we hae sorted out the raivelment
doun til the fundamental atomy.
Our common stock of schuil astronomy
gies us the image, hard eneuch to face;
we're double-crossed nou by antinomy.
The God that Newton worshipped caad throu space
His birlan Universe, aa kept in place
throu steidy cheenge in meisurable time
by laws that didna daunton us to trace
in our experience a paradigm,

wi Man the meisure of the hale Sublime.
The electron has nae motion and nae rest;
it isna fixed, and doesna muve in time.
Hydrogen's atom suid be easiest,
but its behaviour doesna pass the test
of Newton's rules that govern aa things great:
its orbit is nae orbit: it's expressed
in a maist second-sichtit postulate
that it exists aye in some stable state,
whether or no excited, and we ken
it canna hae an orbit at that rate.
Sae even whan they think of Hydrogen,
wi jist the yin electron, maist of men
feel theirsels wannert in ane fremmit airt.

And Fergusson gyte, gyte in Darien.

The samyn atom pleys a different pairt
frae time to time, as secondly we've leart,
cheengin frae state to state, for whatna cause
we canna tell, and whan the cheenges stairt
we ken-na. For we find in siccan laws
nae firm causality; as the chance faas
the atom cheenges state and gies out licht
or taks it in, as ilk experiment shaws,
aye in the same proportioun. Our sicht
is gien the lee by this: it seems the bricht
continuous rays vibrating frae the Sun
come disparat, as we hae seen at nicht
the tracer-bullets splairgin frae a gun,
ae quantum at a time, sae nou we maun
consider licht as quanta, or again,
at the same time, as waves, as we've aye duin.

And Fergusson gyte, gyte in Darien,
jummlin his heid wi thochts of Satan's den
and airts invisible whaur deevils prowl
and pouers are raxin, undeimous by men
and thowless Man is naething but a sowl
and yet has bane and skin and wame and bowel
and body that can brenn eternally,

snowkin its braith amang the deidlie foul
brunstane dioxide reik, and canna dee.

And thon's a ferlie that we never see
even in nuclear physics; tho we read
that atoms of Uranium can gie
their virr out for a gey lang while indeed,
they cheenge throu time and finish up as leid;
echt-thousan million years or thereabout
they hae a kind of life, and syne they're deid.
Ane endless trauchle that wad seem, nae dout,
to folk in Hell that cuidna mainage out,
but no the same thing as eternity
wi flames imperishable as the soot
they mak in brennin; maitter and energy,
timeless, framed in perpetuity,
aye unconsumed, an everlasting rot,
an oxydising antisyzigy
maybe a thocht congenial til a Scot.

Aye, but suppose damnation be our lot,
or raither, our desert, for incorrect
behaviour in this life – but I forgot
aa Calvinists are damned, bar the elect
or walit Halie-Willie of his sect
whas luck it is to be a rare survivor
of screening operations that reject
his neibor, cursit spiritual dyvour
teemed wi the lave of sinners doun the syver.
What if we're damned, harled doun the Pit,
naukit and fleckert, wi the sinner-driver
belting us wi his tawse, mang reik and grit
of brunstane-stuir, doukin in fiery glit,
fleggit to lift our heids abuin, to feel
his whup about our lugs, will aa the wit
that sair'd our pouers of reasoning sae weill
convince us nou that hell-fire isna real?
Will we haud out for better evidence
thon day we staund confrontit wi the Deil?

Meantime, what can we dae to keep some mense

of structure in our slidder present tense?
Hou can I sort my thocht and keep a haud
of something solid in this warld of sense
or bigg an ark to soum the ideal flood?
And this five-fingert haund of flesh and bluid
that grups my pen, what is't? I canna tell.
Hou can we say that Fergusson was wud
to skar at an eternity of Hell,
whan our conception of the Yird itsel
is like a tree kept growan wi nae root,
nae less absurd nor fire that winna quell
even in a vacuum of time? Strike out
this fallacy: the present we may dout,
but ken gey weill the future frae the past;
wi time we pairtly ken what we're about.
I drive my reason's peg in time, mak fast
the guy-rope til its notch, the very last
thing I'd hae waled to haud my bivvy doun
and keep my senses in their gowkit nest,
a nesty sliddery dimensioun
exuding rayon filaments of soun,
making a quantum jist ae hehin-lang,
its meisor fixed by logic of the tune
and aa the variorums it may fang.
Whan Orpheus wrocht in firmly-foundit sang
a tenement on space he feued frae time,
thon was a maister-ferlie that wad bang
his pouer of sneddin trees by music's chime,
a miracle ayont the range of rhyme.
Time is our element and we the air
substantial as a wark in stane-and-lime
sae lang as the Pipe-Major keeps us there
by fingering our figurations, mair
concerned wi his ain purport nor wi ours;
his pattern we neither ken nor care
about; (nor fash wi things ayont our pouers
of kennin ocht that isna wrocht frae hours
and minutes) as ilk note succeeds the ither
we are the tunes; this temporal Badenoch muir's

in pairt our dwelling-place. We needna swither
if it's a solid flair for us, or whether
it hides some deevilish airt of whups and flails,
nor fleg oursels for fear we're postit thither:
eternal deevils cudna shak their tails.
Noble or gyte imagination fails
to gie a kythin of the ither side
of birth or daith, wi thinkable details
binna what yirdlie ongauns hae supplied.

Melancholia it was they cried
Fergusson's dool, an attribute at that
of makars, and langsyne a sign of pride
in men that wore the melancholy hat,
but no in hummil Fergusson, wha sat
gowlin in grief amang the Darien strae;
yon skeelie makar, aince articulat,
that used to sing "The Birks of Invermay,"
howled like a cuddy his falsetto bray
wi nae wrocht artifice of poesy
or music; here was truth, and it was wae.
I hae thocht lang of this, and canna see
that folk are gyte, semply becaise they gie
the trauchle up of fechtin wi this thing
and faa at last intill melancholy:
what pouers of forcy virr ye need to thring
sense intill soun in time and tune and sing!
A howl is faur mair naiteral til our kind
of human craiturs, and the mair refined,
artistic, intellectual and nice,
perspicuous and sedulously blind
a man may be, the thinner is the ice,
sae whilk of us is gyte and whilk is wyce?

We that draw rations frae the Graund Auld Duke,
ten-thousan men responsive to his gyiss,
mairch up and down the hill, nae suiner look
on bienly hichts abuin the upper neuk
of life's dark corrie, and enjoy a wee
bit pleisor, but he cleiks us wi his heuk

and yerks us doun again amang the scree.
Maun we miscaa a sodger, syne, gin he
gae seik, fling aff his ammo-buitts and cry
his terms of sairvice doun and mutiny?
What sall we dae wi him? What d'ye think?
Scrieve on his pey-buik "Wi ignominy"
and gie him his dischairge? Shove him in clink,
glesshous, madhous or jankers, get black ink,
fill up our pens and comment on his wit
(I'm busy at that nou) or kep his kink,
faa intill boredom by a mental smit?
That comes owre near the brain – on wi this buitt,
the left ane, nou the richt – a pity they,
like aa the Q.M. stores, suid hardly fit,
syne like guid sodgers we maun up and gae.
Boredom's the jankers garrs us trauchle sae;
why suid we ettle else to understaund
body and sowl, experiment and pray
for revelation whiles, and whiles glowre throu
queer instruments at blips of licht, and stew
in mental fecht whatever harns we hae,
accordant wi our pouers, and thole our grue,
in ingyne warslin wi an unseen fae,
greater or lesser ignorance, while ilk day
gies us a hantle virr to face the climb?
And gin it fails us, there's the Bedlam strae,
if blankness doesna bield us for a time.
Some probe the Nucleus or the Sublime
by prayer or mathematical resoun;
we haud the bludie bit of dour-mou'd rhyme
and ride the causey of the fremmit toun
whaur they are auntering, follow by soun
their hidden progress, sae at least we claim
nae man can cry *us* neither up nor doun.

Anent the nuclear ongauns, we cam
richt up agen antinomy, the same
apparent fallacy that seemed absurd
whan we imagined an eternal flame.
Gin Hell's a naething, what about our Yird?

Particle, what is thon? A naming-word?
A noun? The name of naething? But it's lang
sen Wilson shawed the cheenges that occurred
in the haar-chaumer, whan a something sprang
furth frae the atom, leaving a lang whang
 of droplets, lang eneuch, that is, to trace,
and Hiroshima prieved it wi a bang
(a type of prufe, bethankit, wi nae place
in Metaphysics). There we hae the base
of what we ken of maitter: something moves,
caa it a particle, in time throu space.
Tennyson's engines bizzin in their grooves,
aa things in Newton's universe, that snooves
sae regularly, are made up of thae.
But Science, haein telt us this, removes
what mental siccarness we seem to hae.
The particles, she tells us nou, obey
naething sae couthy as Newtonian laws:
the mair acquent she growes wi what they dae,
the mair unsib appear effect and cause,
tho here we deal wi maitter, no the swaws'
absurd vibrations in the timeless Pit.
(I thocht I saw thon deevil shairp his claws;
this is whaur we cam in.) But what is it
they see in Wilson's chaumer? Dae they sit
and watch the atom dance an echtsom reel
in whilk the figures never seem to fit?
The best of scientists, for aa their skill,
hae never seen an atom, never will,
for aa their instruments of utmaist pouer;
the benmaist evidence wi whilk they deal
is no the atom, but the atom's spoor,
readings or cathode-blips. Sea-pilots steer
real ships by radar, past real craigs and buoys
throu an east-haar, to berth at their ain pier;
the physicist maks new, combines, destroys,
sends actual particles about their ploys,
charting new sea-roads he has never seen
nor ever will. His symbols are nae toys;

he jouggles them about, but still they mean
something in terms of actions that hae been
caused and recorded, and sall be again.

Consider licht as quanta. We hae seen
this samyn sign-post afore nou, and taen
the dounhill gait that led to Satan's den,
an airt of hameil dool. But nou we come
till a mair fremmit airt nor Hell, whaur men
observing laws in action, no the same
orderly mensefu rules they kent at hame,
abandon Newton in the meantime, save
hope, reverse Inferno's epigram,
and think in other terms nor the lave.
Licht isna quantum and it isna wave,
jist licht itsel, and naething mair nor less.
We see throu instruments hou things behave,
scrieve what we see in symbols, and express
ae walit glisk of truth wi siccarness,
leaving, to suit our needs, some mystery,
and win a finite pairtial success.
A warld this of probability,
states and transitions. The causality
we kent at hame that let us understaund
acceleration, orbit, trajectory,
we nou maun leave ahint as contraband
to pass the frontier of this fremmit land.
Quantum of action is the new passport
that gies us pouers of correspondency.
We deal wi things we ken but by report,
things wi nae shape in onie geometry,
aye muvan, wi nae sic velocity
as thon by whilk we calculate the flicht
of boombs. We loup owre the antinomy
by correspondency: whatever laws
determine the behaviour of licht ...
the closer they come til experience
of large-scale ongauns of effect and cause,
the closer will they come to common-sense.
We wark nou wi a finite quantum, hence

we say whan mass and distances are great
beside the atom's wee circumference
the classic laws are still inviolate;
atomic probabilities will state
things mair and mair like certies, till they tine
their acausality: at onie rate
it willna maitter whan the unco-fine
precision gaes, as muckle forces jine
in human-sized events that we can see
and grasp directly by our ain ingyne,
no glisk by wey of dials, inkerlie.

I grope about a boulder on the scree
and grup it wi baith haunds and feel the strain
endlang my airms, lift it to my thie
and haud it, pechin, fechtin wi the pain
that stounds my unyaised sinnons, tho I hain
their virr by pouer of will, till suddenly
the Yird's attraction on the muckle stane
owregaes my muscles and they mutiny;
doun faas the stane by force of gravity
and dunsches sidelins on my muckle tae,
shougles and comes to rest, as tho to say,
'Ye seelie man, take tent what ye're about.'
We ken gey weill a dad of gneiss can hae
mass and velocity, and yet I dout
whether because of this we may impute
thae qualities inherent thereanent,
tho nocht-for-thy gey easily fand out
by dint of common-sense experiment.
Allanerlie experience is kent:
wi finer probes we keek mair subtilly.

Badenoch in simmer, wi nae clegs about:
I mind of makin thon analogy
for Hevin, wi nae better things to see
than Embrugh streets in time of festival,
and Badenoch naething but a memory
that made it seem the mair celestial,
nae dout, by contrast wi some existential

chiel that I'd met in Rose Street, sairve me richt!
In Badenoch nou, on this day estivall,
I staund, a seelie man, and see the licht
reverberate aroun me frae the bricht
crystalline rocks that skinkle on the muir,
and thank my Makar for the gift of sicht
he gied til Adam, Adam for the pouer
of pairtial kenning tined us Eden's boure,
and the hain'd gift whileoms of sempillness.
I see the Sun in flames birlin attour
the Warld, lichtin aa in white clereness
that ilka heather-bell and blade of gress
and stane gies back wi form and colour, there
the muckle rock I warslit wi smaa cess
to muve, shoutheran aff green by white, staunds bare,
dour and massy, real and unco shair
of its reality. My airm I raise,
my finger thring intill the illuminat air
at shouther-leivel, raxan out in space,
see it nou thretty inches frae my face,
big as thon ben whaur lyft and faur-aff land
mak a clean line. And nou at hirple-pace
aukwart the howes of cotton-gress I'm gaun
richt intill this braid prospect, wi my haund
maist near and thrie-dimensional and real,
forenenst me in the pictur, wi a graund
bricht-coloured bell attour; a michtie wheel
of hills and larches birls as I sweal
my heid about to see owre ilka airt
of this braid lemand muir, until I stairt
to wale a certain spot, gang there, and scairt
the substance of its beauty, like the fuil
I ken I am, and grup at gress and dirt
that in the distance was a bonnie hill,
syne turn my heid and see afore me still
the samyn prospect that I saw afore.
Glowran owre near at oniething, we kill
the human meaning of this warld of stuir.

And aye an unpreacht faith hauds doun a dour

pedal-note, in fremmit key, sweet-sour
in tone, a cypher, maybe; it appears
faur wrang in our notation of the score
that represents the music of the spheres
and atomies (a harmony nane hears,
anerlie sees in symbols, no for men
to lippen in.) But aye in human ears
dirls thon pedal-note, and aye we ken
the soun is man-made; wi a common pen
guidit by Man (God's wark) the note was scrievit.
It taks a human tongue to sing Amen
in melody by whilk Man's hairt is mevit.
By twafald weys our life may best be levit,
quod Benda: anelie by precisest thocht
the philosophic god may be discrievit;
Jehovah by the hairt maun aye be socht.

Disparplit

Disparplit by an ain wadge of weirs
wide as ane third-pairt of this angry warld
driven atween your body, luve, and mine
and rusty-reid wi lang on-ding of tears
frae Europe's dule, we thole thae dowie years.

Baith ye and I in diverse deserts bide,
I in Libya, bistayd wi sand,
ye by bonny Yarrow, desolat,
we maun be dour as steel by cyanide,
our herts as cley in simmer, cracked and dried.

During a Music Festival

Cantie in seaside simmer on the dunes,
I fling awa my dowp of cigarette
whaur bairns hae biggit castles out of sand
and watch the reik rise frae the parapet.

Suddenlike I am back in Libya;
yon's the escarpment, and a bleizan plane,

the wee white speck that feeds the luift wi reik,
dirkins a horror-pictur on my brain.

And aye the reik bleeds frae the warld's rim
as it has duin frae Babylon and Troy,
London, Bonn, Edinbro, time eftir time.
And great Beethoven sang a Hymn to Joy.

Property

A man should have no thought for property,
he said, and drank down his pint.
Mirage is found in the Desert and elsewhere.
Later, in Libya (sand & scrub,
the sun two weeks to midsummer)
he carried all his property over the sand:
socks, knife and spoon, a dixie,
toilet kit, the Works of Shakespeare,
blanket, groundsheet, greatcoat,
and a water-bottle holding no more water.
He walked with other scorched men
in the dryness of this littoral waste land,
a raised beach without even sea water
with a much damned escarpment
unchanged throughout a day's truck-bumping
or a lifetime of walking without water,
confirming our worst fears of eternity.
Two men only went on whistling,
skidding on a beat-frequency.
Tenderness to music's dissonances,
and much experience of distress in art
was distressed, this time, in life.
A hot dry wind rose, moving the sand,
the sand-shifting Khamsin, rustling over
the land, whistling through hardy sandy
scrub, where sand-snails' brittle
shells on the sand, things in themselves,
roll for ever. Suffusing the sand in the
air, the sun burned in darkness.
No man now whistled, only the sandy wind.

The greatcoat first, then blanket discarded
and the other property lay absurd on the Desert,
but he kept his water-bottle.
In February, in a cold wet climate,
he has permanent damp in his bones
for lack of that groundsheet.
He has a different notion of the values of things.

1941

Stinking of chlorine and sweit, the sweirt recruits
    wi gaspreif battledress frottan at our skin,
feet duntan about in great boss buitts,
    bash our tackety ballet, out in the sun.

In sicht of us, some civvy amang the trees,
    wi deck-chair, sandals, bottles on the ice,
cooling his bubbly cyder, sits at ease,
    an kens that Man was meant for Paradise.

Hysteria

Left! Richt! Left turn! Richt turn! Richt about turn!
I birl, thinking nae mair nor I maun.
For this is meant to reive me of my wits;
they need me as a nummer, no a man.

And yet, it's no owre difficult to lauch
and niver to be nabb'd. They cannae hear
yir snockrin for the bashing of the buitts.
Ha-ha! They'll niver drive me gyte, nae fear!

Buckl't, ha-ha! frae brechan til the haims
to fettle me, ha-ha! frae hernia,
wi mask and killing-gear, ha-ha! I birl,
Left turn! Richt turn! Richt about turn! Ah! Ah!

Malaria

Abuin Benevento, a fremmit-luikan brae,
a flat field full of tents, canted like on a hinge
at echt or ten degrees, a place of evil winds
and a strang, bad sun, garrs ye dreid the day.
Fir camouflage thae tents hae patterns that repeat,
a zigzag of broun shapes and twa shades of green.
It is a broun desert, wi lizards that hae baith
a cleidin of licht-green scales, and kinna dark-green feet.
It is a mottie jungle pentit full of faces
of men wi broun faces, green hair and dark green lips,
wrocht in ae pattern, and moniefauld, and seen
maist cleir, but nou the broun and green cheenge places,
tho niver muvin, and swee forenenst my een,
swee aye frae richt to left, fast, fast,
sweal like a wheel; I am inside the wheel,
the pattern swees by, aye in the same place,
but I ligg here still, I feel the stanes aneath,
haud aa thon, weary, haud it aye thair,
tak haud of ae colour, tak haud of the broun.
Thae baists are broun, in a place of green and green,
green trucks in the desert, cannae be green,
cannae be ours, green in the,
broun in the,
the.

Letter from Italy

From large red bugs, a refugee,
I make my bed beneath the sky,
safe from the crawling enemy
though not secure from nimbler flea.
Late summer darkness comes, and now
I see again the homely Plough
and wonder: do you also see
the seven stars as well as I?
And it is good to find a tie
of seven stars from you to me.
Lying on deck, on friendly seas,

I used to watch, with no delight,
new unsuggestive stars that light
the tedious Antipodes.
Now in a hostile land I lie,
but share with you these ancient high
familiar named divinities.
Perimeters have bounded me,
sad rims of desert and of sea,
the famous one around Tobruk,
and now barbed wire, which way I look,
except above – the Pléiades.

Chalk Farm, 1945

Several men with newspapers

descend the steps at eight-fifteen.
Beside the empty slot-machine,

they group themselves without alarm.
This is the platform of Chalk Farm,

black, grey and white, a photograph.
Bulging beyond the people, half

an engine juts from greyish mist.
Hissing safety-valves insist

on whitening the dirty sky.
Through noisy steams the white gulls cry,

snatching whatever they may get.
A lady with a cigarette

appears; her lips are very bright.
Red, all this time, the signal-light

changes to amicable green.
Large lumps of iron now are seen

to circle and reciprocate.
To make way for the half-past-eight,

the engine roars and trundles off.
The lady with the smoker's cough

consults her watch and coughs again.
Someone remarks: 'It looks like rain,

this morning's paper forecasts fog.'
A smooth man and a shaggy dog,

linked by a leash, have now arrived.
And all these details have survived

several years of fire and blast.
Several bloody years have passed

since Auden wrote *The Orators*.
But here are all the characters

that he dissected long ago.
Did absent Auden really know

what he so glibly wrote about?
Are we indiscreet, who doubt

his diagnosis of decline?
The Broad Street train comes down the line

with heated coach and padded seat.
This useful and benignant feat

of science moves off with a jerk.
More or less willingly, to work,

we daily workers go our way.
This happens every working-day

and every week it is the same.
Several years of blast and flame

have not changed these passengers.

Nativity

Can reasoned knowledge, mind's belief,
master simple human grief?

Will religion justify
a thought that makes a young heart die?

Must old totem or tabu
dry up life in creatures new?

Dares a new thought be so bold
as bring anguish on the old?

Clutching roots, we strive to think;
the current rives us from the brink.

We try to keep the mind discreet;
smooth stones roll beneath our feet.

Yielding to the current's will,
we cease to reason: all is still.

Moving, we seem in standing pools,
knowing no fixed and jutting rules.

The liquid, gripping river glides
through red caves with living sides.

Shocking our quivering blood, it falls,
sucked between contractile walls.

Defining mind may never tame
this ecstasy within a name,

only receive us out of deep
calamity, observe, and weep.

A mother with a tugging child
is a tigress, fierce and mild.

To you is raised a broken song,
oh, my lady of great wrong.

For the act that gave that child his breath
two men seek each other's death.

Now the world's enormous sin
bulges between kith and kin.

Bald responsibility
blasts us with sterility.

Must we, then, with moral knife,
cut across the tubes of life,

turn green youth to brown and dry?
Will religion justify?

Must compassion for a few
dry up life in creatures new?

It may be intellectual
to emphasise the animal;

of all wonders, not the least
is our kinship with the beast.

But a greater mystery
lies in our humanity.

For all our sciences and arts,
broken love still breaks our hearts.

For that child two men lie dead;
tenderly you raise its head.

What have you to do with mind?
Words lose all meaning: *cruel, kind,*

clouded in your peculiar bliss;
what has mind to do with this?

So we reason, so believe,
yet we only stand and grieve.

1947

Now, in late Autumn of the VIIIth Great Year,
sculpture apes archaism, or makes queer
machines for doing nothing. Architecture,
which used to be a magic-lantern lecture
on all the styles, has stopped prevaricating
since factories began prefabricating
thousands of aluminium boxes, giving
identical machines for the pseudo-living
of unsatisfactory lives, all neo-plastic:
no more o' that, lest I grow pleonastic.

After five hundred years of imitation,
painters now wash their hands of their vocation,
intelligent and impotent as Pontius
Pilate, and paint us scapes of the unconscious.

Writers, a mere three hundred years downhill,
are sad and muddled. Some, nostalgic still,
mourn vanished stukes, whatever these may be;
and golden days when everything was free.
Affecting toughness, some with less excuse
serve us up killers, stewed in stuka-juice.
Some knock together literary hovels
from bits of Joyce's 'novel to end novels'.
Some few sad relics remain dutiful
and emulate the Poets Beautiful.
Some mimic Donne. Some even try conclusions
with Blake's inimitable long effusions.
Some print the most extraordinary cryptic
stuff that purports to be apocalyptic.
The masses, meanwhile, in or out of season,
assemble words with neither rhyme nor reason.

Music, some fifteen decades in decline,
still proves that imitation may be fine,
though latter-day endeavours to pass off on us
counterpoint frankly horrid and cacophonous
with misalliances in different keys,
however novel, somewhat fail to please.
But still our Master of the King's Musick

(*sic*) knows the grammar and arithmetic
of music which, if not exactly soaring,
is neither insupportable nor boring.

Mechanics, after fifty years' perfection,
has added greatly to the grim collection
of accidents and mishaps and disasters
by means of which machines torment their masters.
Through all the range of great and lesser plagues,
mankind's chief chafer, the machine, stravaigs,
causing calamities and petty stings
from crashing aeroplanes to household things,
such as electric cooking-stoves, whose use
is made a crime, through scarcity of juice.

But Science now, in 1947,
perfecting means of stealing fire from Heaven,
the VIIIth Year's one advance from archaism
(except for Wealth?) now brings about the schism
of elements, creation's building-stones,
and scares the very marrow in our bones.
In Great Year VII the various Punic clashes
ended by burning Carthage down to ashes;
our Great Year (VIII) now has the means, we're told,
by which the motives that caused wars of old
may burn the products of a thousand years,
and spare not even the usual souvenirs
formerly left behind in shape of cinders.

So the analysis made by Sir Flinders
Petrie, in 1910, of civilisation's
past revolutions shown in various nations
still fits the movements we observe in action.
And that may give a certain satisfaction.

PART III

Faustus Afore Act I, Scene I

Auld Faustus cannae even raise the wind;
auld tho he is, nae deevil will come near,
auld-farrant, strang of ingyne, left ahint,
auld Valdes and Cornelius aye his leir.
Enter twa students in their second year;
they lecture him, quoting Apollinaire.
'I thocht I'd sauld my sowl,' he says, 'had tint
my sowl.' They pik for him a can of beer.
'They say,' they say, 'that somehou ye hae sinned,'
crack knowledgeable puns anent Marseille:
some shoal of sardines jammed agin the pier,
some street or ither, cried the Cannebière,
salute the mage, their maister, gang their wey
owre the new-biggit brig throu moving air.
They hae their magic packaged wi the fare;
 a paper currency is aa they pey.
And Faustus conjures till his heid is sair.

Doktor Faust in Rose Street

The students clash thegither, or by turn,
stecht in atween the ceiling and the flair.
A birlan fan souks aa the beery air
outbye to Rose Street. They breathe nicotine.
'Nae thing is pruven, naethin pruvable,'

quo Doktor Faust, in patience tholan Hell
frae out a neuk ablow the blank T.V.,
doomit to threip til aa eternity
thon sooth he gat in trock for his ain saul:
Nae thing is pruven, naethin pruvable.

No richtly war, yet, it's in Edinburgh
he happens to be kythan this time, Faust
thinks thir gleg students luik a bit mair soused
nor at Hell's ither branch at Wittenberg,
but finds their fizzy beer less potable.

They crack awa; it seems they didnae hear.

Bumbazit by the doolie din of Hell,
Faust cannae gauge his voice, gies out a yell,
his reikie braith blasting articulat fire:
'*Nae thing is pruven, naethin pruvable!*'

Deid silence, binna the electric fan
souchan awa. Swabbing up skailt beer,
they glowre at Faust. They like his hippy gear,
but no the kill-joy luik of hellish pain
that maks his presence fair intolerable.

Incident owre: it wad tak a mair
avant-guaird apparition nor the Doc
to stap their claivers. Aye, but whit a shock
to Faust! They keep on clatchan in their beer
and blethers. Faust wad gae, gin he wes able.

He's kent some bad times, thae fowre-hunner years
of revealed ignorance, maistly, posthume,
(courtesy-phrase) sen Maister Dauvit Hume
fand his ain gait til Mephistopheles' leir,
nae mair, it seems, considered disputable,

nae mair worth haein, syne. And wha is thon
present King of France, Professor Ayer's
taen-up wi? And their College's wheen shares,
hou can they vex the Boers by selling them?
High time, thinks Faust, while they're still saleable.

That's aa the dialogue wi onie meaning
he can mak out amang the *achs* and *ochs*
exotic haw-souns and indigenous yochs,
and kinna hen-hous noises: *uckin-uckin.*
He taks a funny-turn, begs the Diable

to gie him leave to quit this aafie place,
the warstest neuk of Hell, he's like to think;
as Hell to Rose Street, sae is smell to stink;
'Tak me, O Lucifer, frae out this mess.
Hell's bad, but this is fair abominable.'

Swith throu the Aether whangs his short-wave cry
on U.H.F., receivit by the Deil,

wha, like his Boss, the Gode of Luve, can feel
some smaa bit rewth for folk in misery,
and maks his howff as couthie-like as possible.

Sae Doktor Faust gaes dim, like Dr. Who,
(*Wha*, if ye like) aa wamblie in mid-air,
like shouglie jeelie, syne he isnae thair.
Weill, that's ma story; gin ye think I lee,
I tell ye, *nae thing is pruven, naethin pruvable.*

Weill-met in Buchan
(for Hamish Henderson)

I met the Deil in Buchan late yestreen
    at a cross-roads, no jist by chance, of course;
    he saw I'd brocht the bridle frae my horse
and shawed himsel quite cleir to my ain *een.*

Gey quick, I had my bridle owre his heid
    and loupit on his back. He didnae mind,
    bit wes in aa his weys genteel and kind,
altho in shape a horse, raither, a steed.

I wadnae say I rade him; I cuid feel
    he wes the maister, tho I had the reins
    and guidit him by heuks and cruiks of lanes;
folk say he's a gey handy man, the Deil.

He wes maist courteous, a decent crony;
    we blethert jist like orra human craiturs
    on this and that, ye ken, general maitters,
nae secrets, tho; he didnae tell me onie.

I kent, mind you, this wes the situation
    of Doctor Faustus in his final Act
    whan yon same Deil tuik Faustus on horseback
to music, wi Berlioz' orchestration.

Houiver, he'd nae muckle yuis fir me;
    whan I made sleekit mention to the Deil
    of Faustus, 'Aye,' he said, 'a cliver chiel,
bit ach! sowlis is nae fat they eest to be.'

Coolin-aff

Het air is escaping frae St Andrew's Hous.
I'm on the Calton Hill. Level wi ma heid,
their lum is causing a wamble in the air,
nae reik, jist a kinna shougle;
it's no the air ye see,
but a movement of something invisible.
Seen throu this movement, the Hume Toure
is liquid-like, a black flame.

It's nocht bit het air escaping;
the Government Offices are stecht wi'd,
pressurised, see whit a stishy,
yairds and yairds abuin the stack!
It's fair aafie inbye:
typewriters het to the touch,
fountain-pens wi safety-valves
to blaw aff steam frae the bilan ink,
their tea's owre het; they cannae drink it;
they cool it aff wi electric fans.

I'm even warm here masel
on the Calton Hill, Fowreteenth September,
Seiventy-twa, a fine back-end,
forbye the heat frae St Andrew's Hous.

Michtie! Nou it's cheengin direction;
it's comin strecht fir me,
and ma fountain-pen has nae safety-valve!

I rin to the tither side of the hill,
richt round the Temple of the Fowre Winds.

There's a gey cauld haar here,
snoovan up frae Leith Docks.

By the Young Poet, on Seeing the Labour Exchange

They tell me, in this town,
    men's time is bought and sold,
the vendors beaten down
    by emptors warned and old,

with little time to live
    and more than they can use
who pay, but do not give,
    buy cheaply, or refuse.

They shall not have my time
    for credit or for gold,
though I've so much: I'll rhyme
    yet, when they're still and cold.

Whit Mainner of Lives?

Whit mainner of lives did they live, that wrocht sae grandly
wi words of monie colours, wi quavers and crotchets,
or wi the airn chisel on yielding marble,
that steir in me joy owre keen to be lang tholit,
a flichteriff blink of Spring on my clarty winnock,
that reive me of content and gie me back the fireflaucht?
Whit mainner of lives did they live? Yin gat lumbago
pentin a ceiling mair glorious nor the lyft.
Yin gaed blind, pricking doun wee black dots
on five black lines that flauchtert in caunnle-licht
and gied out a soun micht fill a better warld.
Yin glowert and cursit his folk whan they brocht him meat,
sae they let him gae without, but he wrocht an image,
a cause forever of the blissit and the malcontent.

Oil-strike?

When I drove our Ford V 8 in Libya,
bumping on a scrog-hill every four feet,
flimsy tins stotting on the steel floor
leaking petrol all along the Desert,
        I never thought

sandy Benghazi would grow rich and sleek.

When I disembarked from our cruise at Aberdeen,
stumbling down the gang-plank of the *Saint Sunniva*,
a bottle smashing inside my suitcase
dribbling olive oil all along the quay,
      I never thought
yon granite city would grow rich and sleek.

When I survey the shelves of my library,
dusting the crowd of books valued at twelve-fifty,
that parcel lurking behind them, my early novel,
dripping midnight oil all along my tracks,
      I sometimes think ...

Twa Fuils

I am twa fuils rowed intill ane:
ae fuil to houpe whan houpe is gane,
ae fuil to fear whit may remain
to dree, weill-kenn'd renewit pain.

The tane fuil fain wad lift his heid,
owre daft to ken that houpe is deid;
the tither couers for fear ae gleid
whangs throu the mirk, his ae remeid.

The Nostalgie

Ach! but I'm weary wi fields and kye,
clarty December and stourie June,
muckan the byre and the grumphie's sty;
this life gaes aye til the same auld tune.

I'll gie the haul of yir kintra glaur,
the lyft abuin and the dirt aneath,
for a hurrle on an electric caur
that'll cairry me doun to Sunny Leith.

Myself When Old

God grant to me that, if and when
I ever rise three score and ten,
I trouble no such son of mine,
as I am now, at thirty-nine,
that I, bored and then rebored
by time, may look to him not scored
like a seized cylinder, nor used
to being never much amused.
Or dare I hope that, in old age,
I may become, in measure, sage,
consistent with my wrinkled pow,
and not forget what I am now?

The Revenant

I haud that they are wrang, wha think a ghaist
    will seek auld haunts
whaur in its wardlie life it florisht best.
Daith, by their wey o'd, canna satisfie,
in the unfutesair sowl, wanrestfu wants:
    that canna be.
It gaes back, I believe, whaur it tholed maist,
    no stound, nor dools,
nor huge mishanters, nor ill-rewit waste
of life; I canna see the experienced deid
fashan owre minutes gane like windflaucht hules
    wi nae remeid;
but, in this warld, whaur it wes abaysit
    by men in pouer
on shady sides of desks, men that were rasit
on paper platforms, rewthless, smulie-face't:
it comes to preive its newly-won succoure.
    Peety nae ghaist.

Perfect

I'm daft. They say I'm daft, and they're richt!
Listen afore I speak.
I like to turn out a bit of wark that is perfect,
or raither wad be perfect
if only the customer had perfect patience.

I like to mak, say, a table out of a tree.
That table maun be perfectly flat and smooth.
I maun see my face in it.
Ken whit I mean? – see my face perfect,
no blurred, nor twisty-weys, not wan iota.

When I say a tree, of course, I mean some boards –
I'm no Robinson Crusoe.

Wuid is sweirt. It's no willin.
Its naitur is to haud up a lot of leaves
and swee about in the wind.

Wuid doesnae want to be flat.
It wants to rax itsel and twist about.
I choose timmer, that auld and seasont,
that muckle droukit and dried and blaffert about,
it has lost aa ambition to dae as it likes.

Wuid doesnae want to be smooth.
I plane it and sand it and try it
on a deid-flat surface.
I sand it and try it and sand it finer.
And when I'm finished I dae it again.

Wuid wants to bide the colour it started.
I stain it wi dragon's bluid or turmeric,
burnt sienna, Pernambuco wuid, burnt umber,
indigo, even, if I'm in the mood.

Wuid wants to be reuch and grainy.
I rub in filling, and sand it finer and finer.

Thair again, raw linseed yle and shellac in spirits
are sweirt to mix. I mix them.
And thair's yer polish. Or anither wey,

byled linseed yle and pouthert tripoli
and twa days' wark, thon's better still.
Polish-daft I am, polish without end:
pottie pouther, pomas, crocus, jewellers' rouge,
and every job sent out afore it's duin,
naethin-like perfect yet.

I ken I'm daft.
I wark wi naitur agen naitur.
But aa that is in fact a thing of the past.
I hae been Moved On wi the times.
I'm in chairge of a machine as big as our hous.
I set the haunnles on the dials, press a button.
Out comes, say, Honduras mahogany, shade nine.
I dinnae ken hou it got thair.
I dinnae ken whit it's made of.
But it's perfect,
perfect every time.
And I dinnae like it.

It's daft I am,
no donnart.

For Translation into the Gaelic

Highland Games, these occasions are named
with great propriety in the use of the English language,
and especially at Lochearnhead,
for it was there that they played a game with me,
sure enough!
Or if it was not a game that those Sneeshes played with me,
and if they charged me the same for admission
as they were charging everybody else,
it follows that the people of their part of the world
must have greater riches than a stranger would judge
from the appearance of their hillsides,
and perhaps they have, I shouldn't wonder,
but if not, those men of the Clan MacNish
played a fine game with me that day,
at the Highland Games at Lochearnhead.

Keep Aff the Girss

Ye ken hou thae Gaelic place-names discryve the places?
Aweill, Ah speir'd of a man that has the Gaelic,
whit wad be the names, wad dae fir thon estate:
to win thair, ken, ye oar owre Loch Private,
or soom owre the River Keep Out,
syne ye're at liberty to sclimm Ben Nae Trespassing,
and if ye see a rabbit, or a bit stag,
juist mind it's no yours, nor Gode's;
it langs til Lord Muck of that ilk,
or til a London company, mair like.
Wad ye believe it? –
He cuidnae gie me the word fir *Private*,
and Gaelic had niver heard tell of *Trespassing*.
The anerlie word of that naitur,
sae he tellt me,
was niver yaised, binna fir yae thing:
to fence the Heathen out of Free-Kirk prayer-meetings.

Twa Festival Sketches

I
I was passing a convertit kirk –
        Whit's that ye say?
A convertit kirk, plenty o thaim about;
the kirks yuistae convert the sinners,
bit nou the sinners convert the kirks.
Weill oniewey, here wes this convertit kirk
wi bills stuck owre the front
and folk queuin up to git in
to hear the Po-etic Gems
o William McGonagall.
On the pavement outside
there wes a richt rammie gaun on,
folk millin about, ken?
And in the middle o this rammie
wes a man that wes gittin Moved On –
        Whit fir? –
He'd been sellin broadsheets

o poems, Gode help him!
o his ain composition.

II
At the Tattoo
they hae twa-three collapsible cot-houssis.
We behold a typical Hieland Scena:
a typical blacksmith dingan on his stiddie,
and a typical drouth boozan at the nappie –
the usquebaugh, I should say –
            et cetera.
Alang comes the Duchess o Gordon on horseback.
She wants sodgers
and the Hielands are fou o Hielandmen.
She gies til each recruit a blue-bluidit kiss.
Nou the boozan has ceased.
The smiddie-fire is out.
The Duchess o Gordon has gien them
the Kiss o Daith.

PART IV

Frae 'Dain do Eimhir, III'

by Somhairle MacGhilleathain

I never kent sic glaumerie
nor stauchert frae sae stark a stound
at thocht of Christ's dule on the yird
or millions of the mappamound.

I hae taen nae sic thocht of haiveral dreams,
mirk-wrocht mirligoes of gleid
as my dour hert hankert for the smool
of her smile, and the glint of her gowden heid.

The shadow frae her beauty lay
owre puirtith and a waesom scauth,
and the warld of Lenin's intellect,
his pouer of patience and his wrath.

The New Bairn

I see my life spreid out ahint
wi little mense or purport in't,
dozent wi desert sun, or glint
        of foreign oceans,
the better pairts gey aften tint
        in orra notions.

Nou this new bairn, a pairt of me
lives cantie meantime in the wee
jimp waist of time's gless. Doutless he
        kens what he's daean;
mair wyce he'll aiblins never be,
        but there's nae sayin.

The Canny Hen

Whan science wasna that faur-ben
as it is nou, the fairmyaird hen
gaed lowse, to scart up what she micht.
She peck'd a levin up aa richt
and laid eggs fu of vitamins,
no like the kind ye get in tins,

that pleas'd the fairmer weill eneuch
and gied him virr to guide the pleuch.
But we ken better of sic maitters;
we're maybe peeliewallie craturs
to luik at, in our stuirie cities,
but at technique ye canna beat us.
We tak a hen that's come of age
for layin, clap her in a cage,
and feed her pellets frae a box;
she never tummils to the hoax,
but settles doun and sterts to lay
for lack of muckle else to dae.
Bamboozl'd baith by day and nicht,
she trauchles by electric licht,
cloistert frae warldly ploys and shindies
by draucht-prief waas and steikit windaes.
Nae fairmyaird cock, houiver stark,
taks her attention aff her wark.
She daes her darg, weill-hain'd and chaste,
and saves a bonny lot of waste.
She clocks and pechs, she lays her eggs;
they trunnil doun atween her legs
ayont her reach, tho near at haund,
a thing she canna understaund.
Sae there she bides frae hour til hour
and daes what liggs within her pouer.
As for the feelins of the chuckie,
for thaim we dinna gie a buckie.
It wad be naethin short of flattery
to tell a hen that's in a battery
she had owre sensitive a sowl.
Nou to my tale: we had a fowl,
a fell guid layer, gleg and knackie
in aa her weys; we caa'd her Blackie.
Born and brocht-up within a prison,
this Blackie laid eggs by the dizzen
that row'd awa, tane eftir tither,
and had her puzzled aathegither.
Cuid Blackie, wi her education,

jalouse the laws of gravitation?
She laid an egg, and it was gane;
the quirks of twentieth-century Cain
bumbaized her, tho she did her best
wi her sophisticated nest,
until ae day, it micht be due
to luck, or Blackie's heich I.Q.,
or weys and means we cry empirical,
I ken-na, but she warked a miracle.
Afore the egg cuid rin awa,
she gat a grup o't wi her claw,
dang in the shell wi her strang beak,
her amber een, wi jist ae keek,
saw hou the thing was duin, and syne
she souk't the mess and liked it fine.
Och, it was braw to steeve her poke
wi sic a clart of white and yolk.
It made her fu and unco happy,
like folk whan they hae taen a drappy.
Syne, like a wifie on a creepie,
contentit-like and unco sleepy,
she laid her heid ablow her wing.

A! Fredome is a noble thing!
and kinna scarce, to tell the truth,
for naebody has muckle rowth
of fredome gin he warks for wages,
nae mair nor in the Middle Ages.
Nou, this totalitarian Blackie,
sweirt to be jist a donnart lackie
raxan hersel to feed the nation,
forgot the duties of her station,
for greediness turns thaim that ken tricks
of cheatrie intill egocentrics;
the path of duty's no their road,
stern Dochter of the Voice of God.
Blackie begood to leave the strait
and narra wey, to gang her gait.
Eh, Blackie, little dae ye ken
the weird fu monie a sleekit hen

has dree'd for sic a deidlie sin
as soukin eggs: rin, Blackie, rin
faur frae the Deil's temptation, grapple
wi sin, or else they'll thraw your thrapple.
Sic words, nae dout, wad onie preacher
hae spak, gin he'd been Blackie's teacher.
Aa things are sinfu, ye'll agree,
that dinna suit the pouers that be.
Whan men or hens begin to think,
they're unco near perdition's brink.
Yet, wantan dominies, sufficient
of saving grace she had; efficient
at layin eggs, a bird owre able
at her ain job to set on table,
she was, tho sin had filed her sowl,
a gey expensive bilan fowl.

Nou, being kinna sweirt to kill
this Blackie, we contrived to fill
a blawn egg-shell wi slockent mustard;
she pree'd it aince, and luikt gey flustert,
the het stuff scaddit sae her mou,
it stang her een and garr'd her grue,
a fearsom punishment, but fegs!
it scunnert her frae soukin eggs,
or laying onie, for that maitter.
Blackie was like a cheengit cratur.
She kent owre muckle nou, smaa wonder
the sicht of pellets garr'd her scunner;
food for the mechanised wee hen
to turn out eggs that hungry men
may staw their wames and hae a feast
on things that luik like eggs, at least,
and gae to wark at their machines
till the meal-hour brings plates of greens
grown in saw-dust frae fertilisers
and syne their medical advisers
prescribe wee pills and siclike tonics;
man canna live by hydroponics.
The modern warld gaed its wey,

but wicked Blackie wadna pley.
She wadna feed, she jist sat clockan
and sweiran, faur owre thin for plucking,
and dwyned frae nicht (and day) starvation;
houiver, this was her salvation.

A richt egg-factory doesna fyke
wi fowls that gang on hunger-strike;
it thraws their necks and writes them aff.
It wadna dae to blaw the gaff
on weys new-fanglit; gin we stertit
to be owre saft, or tender-hertit,
owre sweirt to cairry out destruction,
whit wad become of mass-production?
Aweill, it's better to be saft
nor rin the risk of gaein daft
for fear of being caa'd auld-farrant;
we sign'd for Blackie nae deid-warrant,
but lowsit her intill the licht.
At first she was an unco sicht,
like fishers whan they're nae afloat,
whaes walk's the meisure of their boat.
But time brocht her a puckle leir
of life, and aince she tined her fear
of naiteral food and levan-space,
she entert in a state of grace
fit for a hen, and stertit laying
eggs that were trulie worth the haein,
richt sonsie food that garrs a man
hae smeddum for his yerdlie span
because he's richtlie fed. Wha rins
may read, but leir of vitamins
he needna fash himsel to study,
wha eats guid food, for gin a body
can live as God umquhile intendit
and feed the stammick, no offend it,
that's aa he needs to ken, eneuch
to gie a stout hert for the heuch
of life. Jist follow Blackie's plan,
and be as naiteral as ye can.

Our Big Beenie

Our big Beenie weys fufteen stane,
lucky live-wecht, beef on the bane,
whiles in a fuffle, but never fasht,
smirkie-moued aa day, houiver muckle rasht,

pouran brose and scouran crocks,
plottan paitricks and bubblyjocks,
bleizan her fire up, heizan out the aise,
syndan the graith and hingan out the claes.

Our big Beenie, breengean at her wark,
shaks our flairs frae daw till dark;
wow! she's a wunner: the k'nock chaps nine
and she's made as monie parritch as wud sair till denner-time.

Mune-gyte

They're faur left to theirsels – the auld wife leuch –
    a bonnie cairry-on,
we aye hae lunatics eneuch
    wi ae auld-farrant mune.
The lyft will sune be chockablock
    wi tinny-munes galore,
rockets, deid dowgs and siclike trock,
    and bleepan bits of wire,
aa trackit-doun on Jodrell Bank.
    The Baptist's cry sounds odd,
nou that we're nearer til the mune
    and ferder aye frae God.

Ane Offering for Easter

    Reading a sonnet by Giuseppe Belli,
ye come across, preserv'd in rhyme, some hammy,
lang, thick and phallic Eastertide salami,
regeneration-symbols, sae they tell ye

    in a fitt-note, sprecklit inside wi yelly
fat-gobbets, oozy in the sunshine, clammy

(I mind yon fourteen-inchers in Chiami)
wi draps of sweit, suety and smelly.

Nou shairly we wyce folk of Oddanbeery,
no in the habit, certainly, of haudin
Easter, the way they dae in Rome, are learie

eneuch to find our counterpairt. A sudden
thocht has occurred to your auld makar, Garioch:
let's venerate a hame-made mealie-pudden.

Glisk of the Great

I saw him comin out the N.B. Grill,
creashy and winey, wi his famous voice
crackin some comic bawr to please three choice
notorious bailies, lauchan fit to kill.

Syne thae fowre crousie cronies clam intill
a muckle big municipal Rolls-Royce,
and disappeared, aye lauchan, wi a noise
that droont the traffic, towards the Calton Hill.

As they rade by, it seemed the sun was shinin
brichter nor usual roun thae cantie three
that wi thon weill-kent Heid-yin had been dinin.

Nou that's the kinna thing I like to see;
tho ye and I look on and canna jyne in,
it gies our toun some tone, ye'll aa agree.

Queer Ongauns

Geynear forenenst thon howff, ye ken it fine,
the Ne'ergate in the Canogait, ae bricht
spring eftirnuin, I saw an unco sicht:
three muckle aipen motor-cawrs, in line

astern, cam cruising doun the street, in ticht
formatioun, sae that they wadna twine
amang the buses and beer-lorries, syne
gaed Holyrude-wey; I cheered wi aa my micht.

Some dignitaries in the cawrs, gey posh
in queer auld-farrant uniforms, were haean
a rare auld time, it looked a lot of tosh

to me, a beadle of some sort displayin
frae ilk front sait a muckle siller cosh:
shame on them aa, whativer they were daean!

I'm Neutral

Last nicht in Scotland Street I met a man
that gruppit my lapel – a kinna foreign
cratur he seemed; he tellt me, There's a war on
atween the Lang-nebs and the Big-heid Clan.

I wasna fasht. I took him for a moron,
naething byordnar, but he said, Ye're wan
of thae lang-nebbit folk, and if I can,
I'm gaunnae pash ye doun and rype your sporran.

Says he, I'll get a medal for this job;
we're watchin ye, we ken fine what ye're at,
ye're wi us or agin us, shut your gob.

He gied a clout that knockit aff my hat,
bawlin, A fecht! Come on, the Big-heid Mob!
Aweill, I caa'd him owre, and that was that.

Heard in the Cougate

'Whu's aw thae fflag-poles ffur in Princes Street?
Chwoich! Ptt! Hechyuch! Ab-boannie cairry-on.
Seez-owre the wa'er. Whu' the deevil's thon
inaidie, heh?' 'The Queen's t'meet

The King o Norway wi his royal suite.'
'His royal wh'?' 'The hale jing-bang. It's aw in
the papur. Whaur's ma speck-sh? Aye they're gaun
t' day-cor-ate the toun. It's a fair treat,

something ye dinnae see jist ivry day,
foun'uns in the Gairdns, muckle spates
dancing t'music, an thir's t'be nae

chairge t'gi'in, it aw gaes on the Rates.'
'Ah ddae-ken whu' the pplace is comin tae,
wi aw thae, hechyuch! fforeign po'entates.'

Did Ye See Me?

I'll tell ye of ane great occasioun:
I tuke pairt in a graund receptioun.
Ye cannae hae the least perceptioun
hou pleased I was to get the invitatioun

tae assist at ane dedicatioun.
And richtlie sae; frae its inceptioun
the hale ploy was my ain conceptioun;
I was asked to gie a dissertatioun.

The functioun was held in the aipen air,
a peety, that; the keelies of the toun,
a toozie lot, gat word of the affair.

We cudnae stop it: they jist gaithert roun
to mak sarcastic cracks and grin and stare.
I wisht I hadnae worn my M.A. goun.

And They Were Richt

I went to see 'Ane Tryall of Hereticks'
by Fionn MacColla, treatit as a play;
a wyce-like wark, but what I want to say
is mair taen-up wi halie politics

nor wi the piece itsel; the kinna tricks
the unco-guid get up til whan they hae
their wey. Yon late-nicht ploy on Setturday
was thrang wi Protestants and Catholics,

an eydent audience, wi fowth of bricht
arguments wad hae kept them gaun till Monday.
It seemed discussion wad last out the nicht,

hadna the poliss, sent by Mrs Grundy
pitten us out at twelve. And they were richt!
Wha daur debait religion on a Sunday?

Festival, 1962

The Festival sterts in a bleeze of gloir
wi sad processioun outbye St Giles':
Scotland's Estaiblishment in seemly files
wi siller trumpets sounan at the door,

the seenil City Faithers, that decoir
our seignories, hirple in borrowed tiles,
fu sanctimonious, til historic aisles
whaur Knox held furth and Jenny Geddes swore.

Sibilant crowds hiss, Thon yin's Shostakovich –
pointing admiringly wi mistaen finger –
Tadeucz Wronski. Oistrakh, Rostropovich.

Loud-speakers, gey distortit, gae their dinger;
some pacing provost – Thon yin's Aronowitz –
passes, to music frae *Die Meistersinger*.

I was Fair Beat

I spent a nicht amang the cognoscenti,
a hie-brou clan, ilk wi a beard on him
like Mark Twain's miners, due to hae a trim,
their years on aiverage roun three-and-twenty.

Of poetry and music we had plenty,
owre muckle, but ye maun be in the swim:
Kurt Schwitters' Ur-sonata that gaes 'Grimm
glimm gnimm bimmbimm,' it fairly wad hae sent ye

daft, if ye'd been there; modern jazz wi juicy
snell wud-wind chords, three new yins, I heard say
by thaim that ken't, new, that is, sen Debussy.

Man, it was awfie. I wad raither hae
a serenata sung by randy pussy,
and what a time a reel of tape can play!

Merulius Lacrymans

My name is dreidfu. Did it garr ye snirk?
I cam in wi your braith, syne. Whan I'm seen
I'm growin, wud-reid, nae Bolshevik, green
jist wadnae sair me; I bide in the mirk,

nae chlorophyll in me. But in some dirk
neuk of your property ye arena keen
to keek intill, my floure-heid lowes atween
braw plaister and crackt jeest, in hous or kirk.

Onie bit weakness whaur the rain may flow
or slochen, even, and it's aa the same,
I'll souk the guid dry timmer frae ablow

your feet, and lay my water-warks. My name?
In France they used to cry me Collabo;
I'm Greitan Muriel whan I'm at hame.

At Robert Fergusson's Grave
October 1962

Canongait kirkyaird in the failing year
is auld and grey, the wee roseirs are bare,
five gulls leam white agin the dirty air:
why are they here? There's naething for them here.

Why are we here oursels? We gaither near
the grave. Fergusons mainly, quite a fair
turn-out, respectfu, ill at ease, we stare
at daith – there's an address – I canna hear.

Aweill, we staund bareheidit in the haar,
murnin a man that gaed back til the pool
twa-hunner year afore our time. The glaur

that haps his banes glowres back. Strang, present dool
ruggs at my hairt. Lichtlie this gin ye daur:
here Robert Burns knelt and kissed the mool.

Rullion Green Tercentenary

A steil wund taks the pass by Castlelaw,
round the brae-shouther, chairging doun the gair,
brattlan in yon pine-wuiddie; the sherp air
gaes throu ye, topcoat, grauvat, tweeds and aa.

We haud our grund, a crookit circle, twa
score o's, whit a scandal there's nae mair!
around the meenister. We jyne in prayer
and sing 'Nou Israel' til aa blasts that blaw.

Aa richt for us: here Bluidie Tam Dalziel
wi his coorse troopers catcht them suddenly
on their wey hame, cam throu the gowl, frae hell

and tuik their smaa, Gode-fearing company
in the King's name, and murdered them. Here fell
thae single-hairtit men, for anarchy.

Elegy

They are lang deid, folk that I used to ken,
their firm-set lips aa mowdert and agley,
sherp-tempert een rusty amang the cley:
they are baith deid, thae wycelike, bienlie men,

heidmaisters, that had been in pouer for ten
or twenty year afore fate's taiglie wey
brocht me, a young, weill-harnit, blate and fey
new-cleckit dominie, intill their den.

Ane tellt me it was time I learnt to write –
round-haund, he meant – and saw about my hair:
I mind of him, beld-heidit, wi a kyte.

Ane sneerit quarterly – I cuidna square
my savings bank – and sniftert in his spite.
Weill, gin they arena deid, it's time they were.

Heard in the Gairdens

Wad ye believe it? Eftir thretty year
of steidy wark at twal-pund-ten a week,
on aiverage, that is, I'm up the creek
without a paiddle, got the sack. It's queer

to gang about lowse: Sinday brings nae fear
of the morn's morn; nae gaffer, boss nor beak
can touch me ferder. Up in lowe and reik
gaes my auld siller howkan masquin-gear.

It's true, I'm telin ye, I hae got my caird
and here it is, aa stamped, my title-deed
til fredome, prievan me the richtfu laird

of my ain life at last: here's the remeid
for Adam's curse. And nou I drop my guaird,
bide still in my ain neuk, lift up my heid.

What wad Verdi say?

I'm a librettist, I wad hae ye ken,
the opera's wordman, nae less, its hub;
I'd jist met my composer in a pub,
the place was thrang, jist gettin-on for ten.

What happened neist? We were twa skeelie men,
a spunk and spunk-box, wi ae orra rub,
tane on tither, fuff! the wudden stub
brenns in a lowe, the Muse does it again!

I singit owre his tune for Peggy's sang
but, stertan in the minor, wasna faur
throu the first baurs, he tellt me it was wrang,

it's in the major. Thon's a tune sall garr
the warld clap their haunds to hear, or lang.
The baurman bawled: Nae singing in the baur!

In Princes Street Gairdens

Doun by the baundstaund, by the ice-cream barrie,
there is a sait that says, Wilma Is Fab.
Sit doun aside me here and gieze your gab,
jist you and me, a dou, and a wee cock-sparrie.

Up in the street, shop-folk sairve and harrie;
weill-daean tredsmen sclate and pent and snab
and jyne and plaister. We never let dab
sae lang as we can jink the strait-and-narrie.

A sculptured growp, classical and symbolic,
staunds by the path, maist beautiful to see:
National Savings, out for a bit frolic,

peys echt per cent til Thrift and Industry,
but dour Inflatioun, a diabolic
dou, has owrecam, and duin Thrift in the ee.

A Wee Local Scandal

The University has got a wee
skyscraper at the corner of George Square,
fowerteen storeys, the day I wes there;
it's maybe sunk; I've no been back to see

the Hume Toure – it hits ye in the ee,
yon muckle black rectangle in the air,
a graund sicht frae the Meedies, man; it fair
obliterates Arthur's Seat, nae word of a lee.

But whit a scandal! That's the Dauvit Hume
plewed in the professorial election;
hou can the outwail'd candidate presume

to name sic architectural perfection?
Dauvit Hume Toure, indeed! Whit a let-doun!
It shuid hae been the Will Cleghorn Erection.

Dae It Yersel

or

Ilka Man His Ain Browster

Ane unco-guid, eith and commendit wey of making strang yill for ae groat per pint Inglis

Stert wi John Barleycorn. The gode's for sale
in potigaries-luckenbooths, as pith-
of-maut, in two-pun jars, a bottled myth
that costs geynear fowre shillings by retail.

TAK TENT: yon forcy gode will never fail
to rise again, breengean wi tawny freith;
dinnae cork doun his virr. Nou steir in swith
twa pun of maut in a twa-gallon pail

wi thirteen pints of water jist lu-warm,
nae mair, for fear the rocks will skail your skink,
ae pun of sugar, and a puckle barm.

Fowre days of stishy, and the rocks will sink;
bottle, and keep till clear as cairngorm,
syne cannily, and wi wyce judgment, drink.

A True Story

Steamin hame on the Dublin boat,
hauf-seas owre and bound for Glesca,
I met a Dubliner in a new coat
and lent him the loan of a Jamieson's whiskey.

I spier'd him what they thocht of Joyce
in Dublin whaur they baith belangit;
he answered in a low voice,
'The man suid never hae been hingit.'

The Byordnar Theorik of Sibness

(translated frae Einstein)

$$e=mc^2$$

Virr, wi the heidmairk e, nae thing but micht,
a met of ergs, skire pouer, is paregall
wi wechtitud times utmaist speed, of licht,
squarit at that. Gode haud the deil in thrall!

Oxygen Speaks

My name is Oxygen, Progenitor of Acids.
I do not like this sour name you have given me.
You gave a kindlier name to my lover, Hydrogen,
with whom I make, at once, eagerly, water and fire.

You should have called me, rather, Giver of Animal Life.
With Carbon, my stronger lover, I come from your lungs;
we enter the plants, part from each other; they make your bread.
Once more I am the pure Element. World without end.

But if Carbon embraces me with half his power,
we form Carbon Monoxide. Breathing us, you die.
We change your blood from red to blue,
my goodness made useless to you by that half-union.

Your Petrol unites me with Nitrogen also, another bad Oxide,
and with Lead in a form you breathe; I poison the wind.
Now your pistons are sucking me into your carburettor.
Goodbye! See you soon. Sorry! Not my fault, chum.

The Cube

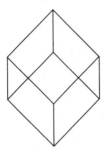

Sen the Year Wan til Echteen-thretty-twa,
Satan had set he's-sel to be a wrecker
of Man's ongauns, but he cuidnae bang
mankind's perceptions, sae he suborn'd Necker.

He'd tried squeeheuchan-mirrors at the Fairs
that made smaa men luik big, strecht fowk seem cruikit,
shilpit wee smatchets buirdlie, and braw chiels
wi gret beer-barrel kytes appear smaa-buikit.

But Necker's Cube, ye nab it in yir sicht
and haud it steidy, syne it gies a loup
and flypes itsel, sae whit has jist new been
the front of the damn thing becomes the dowp.

Seeing's believing: if a man believes
that he believes it, whan he plainly sees
truths cancel out, whit can he tak fir creed
nor, 'I believe the Faither of aa lees'?

PART V

A Fisher's Apology

(frae Arthur Johnstone)

Ceres' priest, ye Mysta, am I no to fish on a Sunday,
    Whit fir dae ye mannace my nets, boden in fier of weir?
There is ane dour enactment whilk thirls aa the Semites,
    But no the likes of hiz; we are aa Japhet's bairns.
The judgment of Gode is maist richt, I allou, but I cannae credit
    The thocht that Hevin's court is swee'd by mere ill-will.
Setturday's fir feasting, and yet nane but a sumphie
    Wad leave his rigs yuisless fir want of a willing haund.
Sae Gode he's sel pit richt the man whas haund wes crinit,
    And his ghillies, sae we're tellt, didnae keep their haunds aff the corn.
On Sunday it is sinfu to brek the glebes wi the harrow
    Or pit a pair of owsen aneath the braid yokes.
Thae warks may be taen up, wi nae hairm duin, on the morn.
    Wi nae thocht fir the weather, and naethin is tint ava.
Wae's me, hou smaa is the chance I hae of makkin a profit!
    It flees on wings mair swith, Nor-easter, nor yir ain.
A sawmon is loupin the day, and pleyin about in my water;
    The morn it will find a place to bide in the upper stream.
Whit fir suid I be sic a fuil as lat whit is mine be reivit?
    Whit fir suid some ither man gollop my hame-grazed yowes?
The fish come on their ain, jist asking to be pouchit,
    A denner offert fir naethin, I wad be daft to refaise.
Anither wechty maitter is that it's aye on the halie morning
    The pools are maistly keepit fair hotteran wi fish.
Whit fir duis Sunday offer sic hauls if it winnae let ye
    Spreid nets? This kinna temptation jist maks gowks of folk.
Forbye, whan a fisher is lowsan his nets, he's shairlie no working;
    Folk langsyne regairded sic pliskies as naethin but gemms.
Frae traipsin the warld and wuiddis, the wuidman and the fouler,
    Eftir sic weary lauber, come hame fair wabbit-out.
Naethin comes of my craft binna the purest pleisor;
    Whit the mandment bans is naethin mair nor wark.
Heich on a craig I'm sat, luikan outowre the clear waters
    Fir a glisk of the scales skinklan on the backs of the skimmeran shoal.
My fairm is the water, my yearly win is the sawmon
    Gien til me as my awmous by Thetis the benyng.

At the first glint of houpe, a glaidsom yellyhooin
    Skirls frae the craig; the folk prick up their lugs.
Nae daudlin onie mair! Wi muckle steir, the laddies
    Graith aa their gear; the waters byle wi oars.
Some lift the edges of the nets, some fling in chuckies,
    Some of them haul the lint cave wi the nabbit rout.
Coost on the shore the haul kelters, bare and voiceless
    On the sand, ettlan fir water, aye fechtan to win back thair.
Some kill them and some nab the deid fish to gut them,
    Some tak the scales frae their backs, some pack them roun wi saut.
Whan the nets faa idle, the rod and line are our taickle,
    And hap owre the leean daintiths to hiddle bronze heuks.
Strechtwey the clan's at its prey, onwittins the dernit cheatry,
    Nabs it, and syne on account of its unco credulity, dees.
If we're short of bait (and wha finds eneuch fir aa thae thousands?)
    A feather of monie colours will dae to hiddle the heuk.
Swith, syne, loups at the lure thon johnny-raw sawmon,
    Swallies the heuk, and himsel is keppit wi his ain catch.
Whit's he to dae? He sinks, mair line is peyed out, and he drags it
    Doun in the water, wanchancie, wi torn mouth, as he flees.
Whiles he breenges dounstream, nou back agin the current,
    Nou, wowfish, by crosspath, awkwart the rin of the stream.
Nou he birls and fechts in water that's kinna drumly,
    Nou he gants and shaks his thrapple, nae yuis, owre late.
Wabbit-out wi a thousand wanderings, at last he's out of the river,
    And on the dry beach, taen, he liggs deid.
Nist, whan I hae a mind tae't, I whup the stream wi a cast-net,
    Or, airmed wi a leister, stog the skinklan herd.
Nou I taigle the boss river-beds wi wabs of wicker;
    At nicht I hae a crusie to licht the starnie pools.
I depopulate the waters to gaither my ain teindis
    Wi hiddlins lumes we aye caa *cruives* in our Scottis leid.
Thae, whan the fish are fechtan their wey til the upper waters,
    Fankle aa their ettlin, and hinner them on their road.
Forbye, the donnart herd maun mak aye to win intill
    The gantan wicker-wark, and is incarcerat.
Like they were in thon horse's wame, whaur the silent Greeks were inclusit,
    Or else in Danae's toure, or in the Labyrinth.
The thrang sawmon are fear'd and dumfounert wi being stellit
    And byle wi rage inwith the water of their jyle.

Meantime, swith as the wind, comes fleean a hantle of laddies;
  Monie boats mak a ring about the dozent herd.
This loon shaks out the cruives, thon cairries the haul in his boatie,
  Tane pairt of them counts the presoners, the tither slauchters them.
It's nae less fun to begowk yir neibors, and pley them a pliskie,
  Nabbin their haul frae them, afore they can win it thirsels.
On Setturday, by law, we maun tak doun the barriers
  To lat the sawmon gang lowse, intill the upper stream.
A penalty gaes wi this law; we hae to dae as it tells hiz,
  We clear a space in the water, big eneuch fir the herd.
But to hinner them winning throu, we pit here the skull of a cuddy,
  Sae's the bane leams white, just like the snaw in Yule.
Nae suiner hae they set out, nor the scaly mob are affrichtit,
  And awa they aa flee, like the Gorgon's heid wes thair.
As suin as they jink frae Scylla they are in the fell jaws of Charybdis,
  And come til a waesom end in the wicker traps I hae laid.
Sae this darg of mine is heapit hie wi diversion,
  Wi naethin mixed intillt but pleisor and delyte.
But, supposing this fyles me wi sin, or raither wi smaa misdemeanour,
  There's a housfu of fowk at hame to placate the pouers of the Godes,
The folk in my houshauld are aye praying fir hiz til the Hevins.
  Ye, anaa, fir the fowk, please haud yir priestly haund.
My wife and bairns are diligent in their attendance at the temples;
  They will yaise up haill forpits of incense, and gie us muckle mair.
Fir pious incense the Pouers sall gie up their anger,
  And fouthie boxes of incense propitiate the Godes.
Ye anaa, priest of Ceres, be amene, please, like the Hevins;
  Gie owre the thunnerdunts bizzan frae yir fell rage.
Tak it frae me, thae dunts are giein an aafie bashing
  Til monie forbye me; my skaith is shared by the lave!
If ye're gaun to ban our nets, whit about the gifties of Bacchus?
  Ban thaim frae our land as ye're at it; we owe them til our tredd.
I send fish owre the sea til the shores of a fremmit nation,
  And monie's the ship comes back wi a lading of neat wine.
I staund to honour my parents. I brog the prick of my whinger
  In nae man's bluid. Forbye, I mell wi nae man's wife.
I keep my haun weill out of ither fowk's kists of siller.
  I hear nae plentes of my perjury. Nae covatice claims my sowl.
If religion wad jist graunt me leave to gie in to this ae temptation,
  Oh, gie me indulgence on Sunday, that I may set my lines!

The sin duisnae last owre lang, nae mair nor ae short simmer,
    That's aa the length of my hairst, ye may tak my word fir that.
And I dinnae need the hail day: twice the tide comes flowing,
    Twice it gaes ebbing awa frae my ain streitch of the sea.
At the time whan the waters are hie, the nets jist cannae be yaisit,
    Sae I cannae brek the Sawbbath onie mair aften nor twice.
In the coorse of a haill day, a man guid and honest, maistly,
    Jist sins whan the sea souks back the waters that it bocks.
Tell me whit wey ae wee lapse out of thousands of possible errors,
    A faut that happens jist twice, shuid compass my dounfaa?
But there is nae faut in thon, if I tire mysel on a Sunday,
    Whit you regaird as a rest, I see as a working day.
Whan Gode laid doun the founds of his haill immense creation
    On the first day of the week, the first divine darg,
Whan chaos and licht cam to be, afore the sun wes created,
    Thon wes the day whan licht wes reddit out frae mirk.
If ye count the divisions of time, the day on the whilk Gode rested
    Wes thon that is held sacrate til Saturn wi his scythe.
The day whan ye reuchly ban me frae gaun out til the fishin
    Langs til Phoebus, thon Gode, wad thole nae man that is sweirt.
He niver stints aa day: while we, his sairvants, weary
    The river's waters, he wears out his team of horse.
We differ allane in this: while he is luikin eftir
    The haill of the universe, I am minding my ain tredd.
My wark deserves nae blame; wha duisnae tak tent of his gainage?
    Whitna faut is in me, if my ain affairs come first?
Ay, tho, ye threip religion; but thae that hunt in the waters
    Dinnae haud that religion requires whit is nae yuis.
Fowk value friendship, mairriage, the legal system, ghillies,
    Even the Godes thirsels, becaise they hae some yuis.
Whit I think of thae things nou wes thocht umwhile by the clergy:
    Whit wes sae guid as a Sunday fir bringing them in guid hauls?
Thon day, we wad aye net as muckle as we cuid gaither,
    Frae whilk they cairried aff ae teind in their sanctifiee'd haunds.
Whan it cam about that the faithers were dissatisfee'd wi their portion,
    The halie spense wes stuffit wi sequestrat fish.
Hevin's decreitals were cheengit by the halie clergy,
    Sae whit ae Gode refaises, anither Gode will gie.
The anerlie fowk that the clergy held doun by this law were the fairmers;
    On Sunday it wesnae alloued that there suid be rowtin of kye.

Fir aa that, by their orders, mang the girns of the commonalty,
    The necks of fisher fowk were never pit throu thae hemms.
Whit ane of the faithers it wes, that granted siccan a favour,
    Oh let there be, I pray, a saft bed fir his banes!
But I raither think his sowl will be giein legal opinions
    Dounbye the banks of Styx, gin its waters hae fish in them.
Without this, whit wad they drink, thae gallus, licht-hairtit callants,
    Wha hae, by day or nicht, a drouth fir Bacchus' draucht?
Or thae weill-daean elders, that draw their life-bluid frae Bacchus?
    Whitiver wad they dae, thae bletheran auld wifes?
Wha wad sair the Muses, supposing they werenae grauntit
    The benefits of Bacchus? Helicon's water is wersh.
Whan Sunday comes roun again, the fowk and the Senate get slockent
    Wi wine, and think nae shame, getting soaked on the Sawbbath day.
You, priest, yirsel, pouring out wine in Gode's honour,
    Aften mak yuis of wine, to shorten the wearifu day.
Wha taks thon aff-pittan reikie skink that Scotland offers?
    She sairves naethin to drink but water that's kinna singed.
Glitty barley is myngit wi streams frae a spring, richt glaurie;
    They are owre free wi the water, owre scrimpie wi the draff.
Thae mixters scunner me mair nor onie dug or serpent:
    Gin they sent ye a dram frae Colchis, thon wad be safer to drink.
Horses will chaw barley, and water's aa richt fir sawmon;
    Whasae ye're serving, son, Falernian fir hiz.
But maybe ye dinnae mak weir on wine, nor on nets fir the fishin,
    Maybe if I keep the Sawbbath, that's mair nor eneuch fir you.
I respeck the halie decencies, I'm bound to keep yir mandments,
    But yir orders are ill to thole, no aa that fair forbye.
If to me, on the halie day, aa mainner of wark is forbidden,
    Why is yir ain kitchen bricht wi a Sawbbath lowe?
Why wear out yir mouth at feasts, and subjeck yir teeth to lauber?
    Why is yir sairvin-lass thrawin the cockerels' craigs?
Why is yir larder herried? Whit fir dae they fetch out the shouther
    Of pork, and Caecuban wine out of the reaman jars?
Supposin yir law wes keepit, nae fire wad lowe in yir ludgin,
    Nor water be cairried hame, out of the nearest well.
Nane wad gie a haund til oniebody that tummilt;
    Naebody wad histe up a bleating yowe frae a stank.
Venus wad be interdict; in sairvice of yir Sawbbath
    A new-wad wife wad jouk the cuddles of her guidman.

Seamen that neither wad oar, nor daur to shak out their canvas.
  Nor set it to kep the wind, wad come to grief on the rocks.
At dawn on the halie day, mang aa his fires, the miner
  Wad droun in waters that rise, bockan up frae the grund.
Whit about warkers at saut-pans? Gin they suid stent at their lauber,
  Aa they had duin wad gae wrang, niver to be pit richt.
The furnace fir melting doun gless or impenetrable iron,
  Jist lat the fire hae a rest, momently, and it's spylte.
Wae's me! Whit wey suid the sevint day be sacrate til fishers
  Anerlie, if it's a day whan ither fowk can wark?
Daft superstition wad fankle the mind wi thae haiveral nummers,
  Calculations that smell gey like magical arts.
Either hae duin wi the Sawbbath, or pit it aff til mid-winter,
  Whan I am vext wi rivers gruppit in deid-still frost.
Syne I sall keep halie feasts ilka day of the week, in winter;
  During that season I'll haud nae single warking-day.
While I hae joy in the licht of Hevin and levan waters,
  I keep the lave of the rules cut by the finger of Gode.
I sall pray til Gode allane. I sail carve nae graven image.
  Nor sall I tak the name of the Lord my Gode in vain.
But if this cannae win ye owre, I sall dae aa that ye tell me,
  Binna anent the Sawbbath, lat me keep it my ain wey.
Isaac's pious bairns, by the swaws of Babylon's waters,
  Offert a thousand tears and guidly prayers til Gode.
For my pairt I sall perform observances by the river,
  Prayers that sall be heard clearly on baith of the banks.
May the Nymphs gie me a tomb, here by the flowing river,
  May the eloquent stane that covers my banes speak thus:
'Here liggs the man, wes owner of the pool dounbye, while he breathit,
  But he cuid niver be caa'd owner of his ain sowl.
He levit, no fir he's sel, bit his bairns, unco hard-warkin,
  Day in, day out, aa his life, halie-days he keepit nane.
He tuik nae thocht fir his future state, seeing nae differ
  That garr'd him ettle either fir the hevins or the shades.
There are celestial fish, and Pluto's realm has rivers,
  Either of thae twa airts furnishes him wi sport.'

The Hierodules

(frae Pindar)

In Corinth glittering wi gowd and gules,
    ye hartsome servants of Persuasioun,
guid-willie lasses, leifsome hierodules
    are nou arrayit as oblatioun
    til Aphrodit' in dedicatioun:
ane hunder vicars al of that Godess
lykerus her to sair in lustiness.

Your daywerk is the amber tears to brenn
    of frankincense in reikie sacrifie
and aftentimes ye ettle, fidgan-fain
    to birl in tourbillions of ecstasie
    abuin the beryall firmament on hie
whaur luve consecrat bleizes til a sterne
and preclair Aphrodite reigns superne.

Thirlit thus-gait by favour of your Queen
    in thralldom's obeisance til her pouers,
supine in homage, gentill and amene,
    maist leman-like ye preive luve's saftest hours,
    Corinthian Aphrodite's sacrate hures;
whan luve's consecrat serf dois her devoir
nane sall find faut wi her, nor think the waur.

But gin the unco-guid Corinthian lords,
    hearin my clarsach's prelude, gie a froun,
for that I seek amang its saftest chords
    in houpe to find some dyng undemmit soun
    worthy of thae shared wemen of the toun,
I, wha weill kennd what speiran folk micht frane,
their gowd hae prievit wi my pure touch-stane ...

Lady of Cyprus, til your halie boure
    this routt, this fair round-figure century
of luvesome lasses, ilk a paramour
    weill-versit in the weys of venerie
    to dae your service maist deliverly,
as ane thank-offer for the race he won
is dedicat by cantie Xenophon.

Dithyramb

(frae Pindar)

Frae habitable on Olympus' hicht
bowne, lemand, til the daunce, ye Goddis bricht;
    teem out your breerand bontie, bot stynting,
ye that in sacrate Athens, cleir in sicht,
schynand in celsitud mak ingain stricht,
        till incense-rich Omphalos awntering
        whaur thousandfald the feet forever thring,
the namekouth Agora maist nobly dicht:
for ye we gaither violets and sangs in Spring.

Aince mair intill this airt, oh Goddis hie
in mansuetud maist michtie, luik on me
    sped hidderwart again wi halie sang
and by great ZEUS his ain benignitye,
to preis in presens thilk divinitye
        owrefrett wi ivy leaves his locks amang:
        Rairder, we mortals cry him, with raith spang
braingeand wi bull's belth. BROMIOS, he
that by immortal sire frae Theban mither sprang.

The chawmers of the purpir-cleidit Thrie
nou aipent bene: prymrois and dayesye
    lead in on lily-leven redolent
the Spring; oh, syne, doun on the sacrate lea
fair-tressit violets are coost in fee;
        breddit are lokkis aa wi lilies sprent,
        voices in sang wi souns of pipes are blent:
the daunce-flair dirls, naming SEMELE
that bears a coronal attour her browis brent.

Proem and Inscription for a Hermes

Heat, and a dazzle of brichtness,
                    and white-het stuir on the pathway;
lang is the gait I hae traipst,
                    monie a mile I maun gae.
Ach! but I'm drouthie and weary

of lime-dry roads, and the Sun's rays
ding on my untheikit heid;
het are my harns and taes.
Aye, and it's queer that the malice
of deid things gies us sic sad pain:
what is ma heid to the Sun?
what are ma feet to the stanes?
Hou can I haud to ma life on the dreich deid yird,
or the green grain
growe in the dessicat marl,
whaur sunlicht allanerlie reigns?
Sudden I riddle the answer,
the guid news carved on a reuch stane,
phallic in form, and erect,
staunds by the road as I gae;
livan, a stane wi a voice
that is cut deep intill the lime grain:
Hermes the god, it is he
that greets me and shaws me the way:

'Hermes I am; here I bide,
whaur the saft souchs whish in the lime trees,
marking the airts of the cross-roads,
near the glittering sea.
Wearyit traivlers, I offer ye cool shade,
bieldin for hairt's ease,
caller and colourless spring water
that bubbles out free.'

Anatomy of Winter

(Hesiod)

In Februar come foul days, flee them gin ye may,
wi their felloun frosts, days that wad flype a nowt,
whan Boreas blaws owre Thrace, whaur they breed the horses,
and brulyies the braid sea, and gars it blawp;
and the winterous warld and the woddis warsle aathegither.
Monie a michty aik-tree and muckle-heidit pine
it dings til the dirt, our genetrice; wi the dunt as it faas
on the glens and the gowls atween the hills, syne the hale forest girns.

It garrs the bestiall grue; their tails in the grooves
of their hurdies are steikit weill hame. The hairy yins and aa,
wi coats of guid cleidin, it cuts richt throu them;
the weill-happit hide of an ox, that duisnae haud out the cauld.
And it gangs throu a gait's lang hair. But gimmers and yowes
wi fouth of fleece, the wund flegs them nocht,
tho it bends an auld man's back, bow'd like a wheel.
And it canna skaith the saft skin of a young lass
that bienlie bides at hame, beside her dear mither,
onwittand as yet the ongauns of maist aureat Aphrodite.
But she wesches weill her flesch, and wycelie anoints it
wi ulyie of the best olives, syne beddis ben the hous.
The Baneless Yin bites his fuit, tholan bad weather –
wi nae heat frae hearth-stane, the hous is dowie.
The sun sairs him nocht to seek his food outbye;
he swees owre the cities of swart savage folk
but frae his saitt celestial is sweirt to shine on the Greeks.
Syne the hirsel of hornit kye, and the hornless baists,
wend throu the wuids: wearily they grind their teeth,
thirlit in aefald thocht, to find in their need
a bield to bide in, or a boss cave.
Trauchlit in siccan times, they traivel about
like luttaird loons that limp on three legs
wi lumbago in the lunyie, aye luikan on the grund;
they hirple hobland about, hap-schackellit they seem;
hainan their bodies' heat, haud awa frae the white snaw-wreaths.
Sae pit on, I pray ye, as protection for yir flesch,
a saft goun and a sark streetchan to yir feet;
let it be woven wi muckle weft til a puckle warp,
that the hairs of yir bodie may be at rest, no birssy wi the cauld ...
Mak yirsel a kid-skin cape to keep out the rain,
and a felt hat wi laced lappits, syne yir lugs will be dry;
for yir neb will be nithert whan the nor-wund blaws;
at day-daw the hairst-nourissand haar, frae the hevin of sterns,
blankets the braid yird, bieldan the parks of the rich.
The haar soukit in steam frae ever-bounteous stremis
is blawn heich abuin the yird by blaisters of wund.
At dirknin it whiles draws to rain; whiles the blast's deray
is ruggan at thwankan cluddis thruschit by Thracian Boreas.

Prometheus

(Goethe)

Hap owre yir hevins, Zeus, wi haar.
And pley yir pliskies on aik trees
and the taps of the bens,
like a loon that paps the heids aff thrissils;
but ye maun lat-be ma yird,
ma cot-hous that's nane of your biggin,
ma ain fireside, whas lowe ye gruch me.

I ken nae puir bodies ablow the sun
mair pifferan nor ye godes!
Ye maun scairt a levin
frae orisouns and offertories,
and ye wad gang tuim
were it no that bairns and beggars
were taen-in by yir cheatry.

Whan I wes a bairn masel,
and kent naethin,
I goavit, dumfounert, at the sun,
as tho there wes a lug abuin
to pey heed to ma girnin,
a hairt like ma ain
to hae rewth on ma dule.

Wha sauvit me frae the Titans' virr?
Wha raxt me frae daith,
frae forced wark?
Hae ye no duin it aa by yir ain smeddum,
ma halie, lowan hairt?
And did ye no lowe wi guidness and youth-heid,
begowkit intill giein thanks
to the dozent yin abuin?

Maun I revere ye? Whit fir?
Whan did ye ever ease
the stound of the owreladen?
Hae ye ever husht folk's girnin
whan they were feart?

Hae I no been wrocht a man
by almichtie time
and your ayebydand weird,
your maisters and mine?

Did ye think, in fact,
that I suid tak a scunner at life,
and flee to some deserted moss
jist fir a wheen of ma bairnheid's bonny dreams
suid gang agley?

Here I sit, forming craiturs in my ain shape,
a clan sib to masel,
to thole, to greit,
to find pleisor, to ken glaidness,
and to regaird ye lichtly,
like me.

Five Poems from Apollinaire

DELETED PASSAGE

I bidit in Auteuil twa months or three
Atween the twa reivers like Jesus deid on the tree
And yin, the criminal, he wes the guid reiver
Wanchancie he sall be, and dee of jyle-fever
The bad yin wes a wumman, tho nae gudwyf
Hers wes a shamefu theft, she tuke frae me ma life ...

(deleted frae the first draft of 'Zone', in *Alcools*)

AUTUMN

Hirplan throu haar see thon shacht fairmer wi a stirk
Daunneran by gey slaw in the October haar
That haps the plewmen's puir slummy fairm-touns wi mirk

And gangan on his wey the fairmer croons afaur
A ballant of tined luve and luve's ill-keepit traist
That tells about a ring and a hairt brast for wae

Oh! autumn the autumn has laid the simmer waste
Intill the haar thae twa muve silhouettit grey

VICTORY

A cock craws I'm dreamin and aa the pollards shak
Their leaves that are a semblance of puir seafaring men

Wingit and birlan like Icarus the fause
Sichtless folk waving their airms like ants
Were refieckit by the rain in the plainstanes' mirror

Their lauchs heapt thegither a massy bunch of grapes

Gae nae mair frae my hous my speaking diamond
Sleep doucelie here at hame whaur aathing is your ain
My bed my lamp and my helmet shot throu
See precious sapphires cut some airt about Saint-Claude
        The days were a skire emerant

I am mindfu of ye toun of meteors
They florisht in the air during thae nichts when naething cuid sleep
And gairdens of the nicht whaur I hae gaithert flouers

Ye maun hae eneuch of them to frichtifie yon lyft
        To mind its hiccupin
Ye jalouse wi some difficulty
At whatna pynt success maks a bodie donnert and dozent

They speirit at the institute for the young blin
Hae ye nae blin laddie wi wings

O mouths man is on the luik-out for a new language
To whilk nae grammarian in onie tongue will hae oniething to say

And thae auld leids are that deean-lyk
That it's shairlie throu habit and want of smeddum
That they are still made to sairve for poetrie
But they're like seik folk wi nae smeddum in them
My faith the folk wad suin be dumb aathegither
Miming daes fine in the pictur-hous

        But let's get fou wi speaking
        Shak up the tongue
        Send out postillions

We want new souns new souns new souns
We want consonants wi nae vowels

Consonants that gie smorit farts
          Imitate the soun of a peerie
Firk out a non-stop noise frae your neb
Mak clicks wi your tongue
Mak yuis of the stranglit noise of folk rudely slorpan their meat
The aspirat hechyuch of spittin wad mak anither bonnie consonant
Assortit fisks frae the lips forbye wad mak ye blether like a bugle
Learn to rift at will
And what letter as dowie as a jowan bell
          Awkwart our memories
We cannae hae eneuch delicht
In seein braw new things
O my luve mak haste
Be war of the day whan a train steirs your hairt
          Nae mair
Look at it quicker for ye
Thae railways bizzan about
Will suin pass out frae life
They sall be braw and daftlike
Twa lamps brenn fornenst me
Like twa wemen that lauch
Dowie-lyk I bou my heid
Afore the eydent mockage
This lauchter swalls out
Aawhair
Speak wi your hauns snap your fingers
Tap yoursel on the cheek like on a drum
                    O words
          They follow amang the myrtle
          Eros and Anteros grietan
I am the lyft owre the city
                    D'ye hear the sea
The sea grue faur awa and cry its liefu-lane
     My voice as leal as the shadow
     Ettles aye to be the shadow of life
Ettles to be o sea live traitrous as yoursel

The sea that uncountable sailors has betrayed
Gowpit my huge cries like Hevin's woundit Kings
And the sea to the sunlicht hauds up nocht but shade

That's coost by the sea-maws wi their outspreidan wings
For the word is that sudden a very Gode will shiver
O come and uphaud me I mind wi muckle wae
Those that haud out their airms adoring me thegither
What oasis of airms will gaither me ae day
Dae ye ken of yon joy of seeing aa things new

O voice I'm speaking the language of the sea
In the herbrie by nicht whan the last taverns waik
I mair monie-heidit nor Lerna's water-snake
The street whaur soum my hauns wi ten
Fingers that subtlie probe the toun
Is gane but wha the morn may ken
Whether the street will settle doun
And stop or whit gait I'll gae then
See aa the railways in a dream
Auld-farrant becomin abandonit in a wee while
D'ye see

Victory abuin aa things sall be
To see weill faur awa
To see aathin
Nearhaun
And ilka thing sail hae a new name

                    'La victoire' (*Calligrammes*)

FERLIE OF THE WEIR

Hou bonnie thae rockets are that illumine the nicht
They ascend to their ain summit and lean owre to hae a luik
They are braw leddies that daunce aye luikan for een airms and hairts

I hae kenn'd in them your ain smile and your liveliness

Forbye it is the ilka-day apotheosis of aa my Berenices ilkane wi the hair of her
    heid cheengit intill a comet
Thae skire-gowden dauncers hae their being at aa times and amang ilka folk
They mak short wark of gettin bairns that hae barely time eneuch to dee

Hou bonnie aa thae rockets are
But they wad be faur bonnier gin there were even mair of them
If there were millions of them aa sortit in complete and relative order like the
    letters in a buik

And yet as bonnie as tho life itsel cam out frae the deean

But it wad be bonnier yet if there were even mair of them
I see them houiver as a beauty that kyths itsel and gaes awa suddenlyk
I seem to tak pairt in a graund feast that's aa lit-up like the day
The yird is treatin itsel til a banquet
It is yawp and aipens its lang pale mouths
The yird is yawp and here is the feast of the cannibal Balthasar

Wha wad hae said that we cuid be at this anthropophagous stage
And that it tuik sic a fire to reist the human bodie
That's why the air has a wee-bit empyreumatic smack that is no my faith aa that
    distastefie
But the feasting wad be bonnier yet gin the lyft ate it up as weill as the yird
It gollops naethin but sowls
The whilk is ae wey of no nourissin itsel
And pits up wi jouglin varicolourit gleids

But I hae slippit intill the douceness of this weir wi aa my company alang the
    lang communication-trenches
And aa the time some cries of flames clype of my presence
I hae howit-out the bed whaur I snoove ramifeean in a thousan wee burns that
    gae aa airts
I am in the front-line trench and yet I am aawhair or raither I begin to be aawhair
It's I that stert this thing of centuries to come
It will tak mair time to bring about nor the fable of fleean Icarus

I bequeath to the future the story of Guillaume Apollinaire
That wes in the weir and kennd hou to be aawhair
In the cantie touns in the rear
In aa the lave of the universe
In them that dee'd jiggan in barbed wire
In the wemen in the guns in the horses
At the zenith and nadir of the fowre cardinal pynts
And in the aefald ardour of this enarmit eve

And doutless it wad be bonnier yet
Gin I cuid jalouse that aa thae things in whilk I am aawhair
Micht inhabit me alsweill
But this gait there's naethin daean
For if I am aawhair the nou it is allanerlie I that is in me

'Merveille de la Guerre' (*Calligrammes*)

A PHANTOM OF HAAR

Seean the morn wad be the Fourteenth of July
Jist about fowre in the eftirnuin
I tuik a dauner doun the road to see the gutter-acrobats

Thir folk that dae their turns outside
Are gettin kinna scarce in Paris
Whan I wes young ye saw them muckle mair nor in thae days
Geynear the hale of them hae gane to the country

I tried the boulevard Saint-Germain
And in a wee square atween Saint-Germain-des-Prés and the statue of Danton
I met the gutter-acrobats

The crowd surroundit them silent and patiently waitin
I made masel room in yon circle to hae a guid luik
Formidable wechts
Belgian touns liftit at airm's length by a Russian labourer frae Longwy
Black tuim dumb-bells wi a jeelt river for the shank
Fingers rowan a cigarette as rank and delicious as life

A lot of mauchie cairpets covered the grund
Cairpets wi lirks in them ye cannae strechten out
Cairpets that are geynear exactly colourit like the stour
And whaur some green or yallie blotches aye haud on
Like a tune ye cannae get out your heid

See the wild-luikan skinny character
His faithers' ashes cam out of him in his grizzly beard
Sae he wes wearing aa his heredity on his face
He seemed like dreamin of the future
Mechanically caain the haunnle of his barrel-organ
Its slaw girnan voice maist dumfounrous waesom-like
The glug-glugs and quacks and smorit yammerin
The acrobats jist didnae move
The auldest of them had a semmit yon purpie-pink colour ye see maistly on
    the cheeks of thae lassies that are young and bonnie but near til daith

Yon pink lurks maistly in the lirks that aften gae roun their mouth
Or near the nostrils
It's a pink full of traitrie

Was yon man wearing thus on his back
The ignoble tint of his ain lungs

The airms the airms aawhair were mountin guaird

The second acrobat
Wes cleithit anelie in his shadow
I watched him for a lang while
His face is tined to me entirely
It is a heidless man

Anither had the luik of a richt blackguaird
A maist guidlie and crapulous apache
Him wi his baggy breeks and sock-gallowses
Wad he no hae had the appearance of a titivatin pimp

The music shut up and there was a lot of argie-bargie wi the public
That flingit on the cairpet sou by sou the sum of twa francs fifty
Insteid of the three francs the auld man had fixed as the price of the turns

But whan it was clear that naebody wad gie onie mair
They decidit to commence the performance
Frae ablow the organ cam out a gey wee acrobat dressed-up in pulmonary pink
Wi fur about his fists and roun his ankles
He gied some wee-bit cries
Spreading his fore-airms in genty salutation
Wi aipen haunds
Ae leg ahint him ready for genuflection
Sae he salutit the fowre cardinal pynts
And whan he walkit on a bool
His jimp body becam sic delicat music that nane among the spectators but
    were maist sensitive
A wee sperit wi naethin human about it
Sae they aa thocht
And yon music made out of shapes
Owercam that of the mechanical organ
Caa'd by the man wi a face covered wi ancestors

The little acrobat did a cairtwheel
Wi sic a harmonie
That the organ stoppit pleyin
And the organist hid his face in his haunds

Wi fingers the neibors of his destined descendants
Wee teenie foetuses that cam out of his beard
Mair Reidskin war-cries
Angelic music of the trees
Disappearance of the bairn
The acrobats liftit the muckle dumb-bells at airm's length
They jouglit wi the wechts

But ilka spectator socht within himsel the miraculous bairn
Century oh century of haar
                    'Un fantôme de nuées' (*Calligrammes*)

Lesson

I tuik it in ma heid to gae dounbye Leith Docks,
eftir hou monie years? I cannae mind,
binna jist coming aff the ship frae Aiberdeen,
Saint Sunniva? Thae boats haena made that run for years.

I tuik the samyn gait that Stevenson discryved.

I yuistae like ships, but nou they're owre real for me.

The samyn gait as he's, binna five-hunner yairds
frae here to Heriot Row; his faither's lichthous tiles
are in his area yet, in some of his neibors' alsweill.

Leith wes a place for merchants, a century sinsyne,
wi weill-appyntit pubs whaur they cuid talk business,
carved wudden alcoves, tables, ye ken the kind of thing,
and I mind the time whan they still had that character about them,
whisky and port and buirdly men wi confident heids.
Leith crined in Embro's grup; Scotland in England's;
Britain in ...? Aweill, Leith's maistly rubble nou.

Stevenson likit ships, he says, while yet a bairn,
and he likit the walk to Leith, past yon stationer's shop,
aye thair yet and whiles wi a theatre in its windae.
While a bairn masel I didnae heed whit ma faither said about ships;
breakwaters and lichthouses wadnae be aa that real to Stevenson.

The Forth Brig is riveted wi plates like a ship yuistae be.
It isnae real to me, even to this day.

The side of a ship in a dry dock is a flegsom thing.
Hou can a man spend his day near eneuch it to touch?
It wes the bottoms of ships that scunnert ma faither as a laddie,
sae he wad aften tell me, the raws of rivet-heids
to be pentit wi red-leid, nae holidays oniewhaur,
the edges of plates hammert ticht wi the caulking-airn,
water ablow his plank, weit waas baith sides of him,
and the ship's bottom abuin his heid, *le rouge et le noir.*
He wes learning nicht-schuil French and takkin an art-schuil cless.
He wad tell me aa this in the Twenties, on a Sunday fresh-air walk
to the end of the West Pier, as guid as a sail, cost naethin.

Sae here I wes, last week, aince mair at the famous corner,
wi Burns's statue, lately Moved On at enormous expense,
Constitution Street, Bernard Street, wi Commercial Street ayont the brig,
braw, confident names, like the muckle heids of the merchants
snod in their carved alcoves, c.i.f. and f.o.b.,
and Baltic Street aye thair, but whaur's the Baltic tred?
Whaur the Leith merchants? Whaur the tables and cushions?
This is the place aa richt; has memory gane wrang?
Nae sawdust on the flair, tho, jist guid Leith stour.

It's yin of thae near-island pubs, whaur ye glowre at the folk fornenst ye
owre a neutral space of sinks and glesses and pourin and splairgin.
I tilt ma pint and a heavy swell rises throu the freith.

Stevenson's faither, he tells us, suffered ae major defeat;
He cuidnae mak Wick Hairbour siccar. This ae failure
is a meisure of the sea's virr he owrecam aawhair else.
Stevenson felt this, maybe later in life,
haean walit by that time words insteid of stanes.
They were trying a new idea, the last time I saw Wick,
piling concrete calthrops in the newest hole in the waa.

Meantime I hadnae noticed something byordnar gaun on,
aabody luikan ae airt, at naething that I cuid see.
A scrauchin and duntin and yowlin, full blast, wi nae warning,
stertit up at the end of the room, frae a lit-up gless case
switched on, it wad seem, by a lassie in a see-throu pink gounie,
yin of thae go-go girls that I hae heard tell about.
Aweil, she wes nae gret dancer, but bonnie and clean,

and her taes gaed neatly eneuch owre yon dirt-coloured flair,
the same that we strampit about on, in shoon or working-buitts.
But this wee dance wes just whit ye micht cry an eye-opener.
She disappeart ahint the Gents, til some cubby-hole of her ain,
syne cam back in a kinna bathing-suit, aa ticht and trig,
and danced maist eydently up and doun, clawing the air,
perfectly douce and assured, as tho she cuid dae it aa nicht,
like Tchaikowsky whan stumpt for ideas, makkan-dae wi passage-wark.
Syne, for a bit of a cheenge, she gaed roun the bar's peninsula
by whit passage-wey there wes, neatly wan throu.
The folk lookit on calmly, wi interest, respect and pleisor,
tho wi the faces of men, had luikit aa day at the side of a ship,
as yon lassie's clean taes acceptit the ordinary stourie flair.

Guillaume Apollinaire, wad ye hae gliskit here
a phantom of Leith haar? Duis it still glimmer thair?

The Big Music

Victoria Street in London, the place gaes wi the name,
a Hanoverian drill-haa, near Buckingham Palace,
near the cross-Channel trains, Edinburgh coaches,
Army and Navy Stores, an ex-abbey, a cathedral,
near the Crazy Gang, the 'Windsor', Artillery Mansions,
no faur, owre the water, frae the Lambeth Walk,
near the exotic kirk-spire carved wi the Stars and Stripes,
disappointed nou, a frustum, whangit wi a boomb.
This great Victorian drill-haa is naethin like Scotland,
binna the unco hicht and vastness of the place.
The judges jouk into their tent; the piper treads the tarmac.
His gear lemes in the sunlicht of hunner-and-fifty-watt suns,
while we in the crowd luik on, MacAdams and Watts wi the lave.
Skinklan and pairticoloured, the piper blaws life in his wind-bag,
aefald, ilka pairt in keeping, the man, his claes and the pipes,
in keeping wi this place, as tho he stuid in Raasay,
Alaska, India, Edinburgh Castle, of coorse, for that maitter,
like a traivler I met in the rain on the Cauld Stane Slap, and him dry;
like the Big Rowtan Pipe itsel, that can mak its ain conditions,
as the blaw-torch brenns under water in its ain oxygen-bell,
like the welder's argon island, blawn in the thick of the air,

sae the piper blaws his ain warld, and tunes it in three octaves,
a steil tone grund on the stane, and shairpit on the ile-stane,
like a raisit deil, mair inexorable nor onie ither music,
for the piper cannae maister this deevil of the reeds,
binna to wirry him aathegither, and brek the spell.

Nou, jaggit as levin, a flash of notes frae the chanter
slaps throu the unisoun, and tines itsel in the drones,
no jist richtlie in tune; the snell snarl dirls wi a beat,
sae the piper eases the jynts of the drones, and tries again,
and again, and again, he fettles the quirks of his fykie engine,
flings the fireflaucht of melody, tined an octave abuin the drones,
bass drone and twa tenor drones geynear in tune on A,
wi a michtie strang harmonic bummlan awa on E,
that the piper is ettlan to lock deid-richt in tune wi the chanter,
for the pipes are a gey primitive perfected instrument,
that can fail a fine piper whiles, as his art may fail,
tho it warks in the tradition of the MacKays of Raasay,
guairdit throu generations of teachers and learners and teachers,
and thon piper staunds forenenst us, skeelie in mind and body,
wi the sowl, a mystery greater nor mind and body thegither,
that kythes itsel by virr of its presence or absence in music.
Yet piper or pipes may fail, whan the piper wad be at his best,
ane of his reeds no jist richt, ae finger no swipper or souple,
the strang rule of the will may falter, and tine the rhythm;
for aa that, comes the time whan the mind, body and sowl
and the reeds, the fowreteen sections, the sheepskin wind-bag
seasoned inside wi honey, or wi some patent concoction,
whan the piper and pipes in sympathy ken that the nicht is the nicht,
as Smooth John MacNab bragged on a very different occasion,
sae the piper, his pipes, judges, the warld at lairge
aa gree, yince, for a wunner, that a piobaireachd is pleyd richt.
Nae artist wad hae his medium onie itherweys ordert.
And aa this time my thocht gaes wannerin its lane,
in a three-octave chaos naukit binna its ain harmonics,
a state whaur aa things are possible, and naethin luiks very likely.
Doctor Johnson likit the pipes, we're aye tellt, because he wes deif;
for my pairt, I think, like the Shah, wha likit the first tune best,
he kennd music whan he heard it, whan it garred his nervestrings dirl.
I mind, yince, masel, I mainaged near eneuch the great drone

to hear a gey guid-gaun piobaireachd, aye, and to smell it anaa:
I cuidnae mak up my mind, wes it Dufftown or The Glen Garioch?
I jalousit a Nor-east maut guffan out, maist musical.

Nou, huge, in tune, our stane-and-airn glen
dirls three octaves, A in unisoun.
Straunge hou this music has nae begin or end;
even the tuning, tho nae pairt of the tune,
langs to the music, as duis the tune itsel,
sae that the *urlar*, grund of the hale thing,
taks place insensibly as daith or life.
Pacing fu slawlie, wi steidie meisured mairch,
the piper blaws the lang bare notes of his lament,
a tune that bides lang jist twa steps frae the tap
of the chanter's compass, sae heich that it maun faa,
no faur; it rises, syne faas ferder, in dool,
lifts its heid twice: the cadence ends the tune.
The slaw, waesom melody, returning owre and owre,
wi smaa, clever cheenges, that keep our senses keen,
the cadence eith-kennd, airtan aathin in time,
comes like sad nicht, that ends ilk dowie day.
The piper hauds on, wi the siccarness of doom,
fowre centuries of culture ruggan at his hairt
like the michtie pressure tearing throu his reeds,
hauds on til his time, wi the richtness of art,
that is no semplie richt, but we feel that it is richt.
The theme birls slawlie, and aye as it wins roun,
the neist variorum adds on its ain device,
mair short notes and mair, that garr the dirgie daunce;
the aureat lament lowes mair and mair wi pride,
till there is nae note, but loups it wi the lave,
tho, wi the music loupin, the piper nou staunds still.
Here comes the unco ferlie of the pipes,
the first of the grace-notes, like a precious stane,
gale-force music, delicately ruled,
a thrawn, strang Clydesdale; the horseman kens the word.
Allanerlie the great Hieland pipe can mak this soun,
this rattle of reedy noise, the owretones brattlan thegither,
wi maybe a swirlan danger, like musardrie of maut.
Piobaireachd adorns tragedy wi maist sensie jewels.

Men, dour as quartz, responsive as quartz to licht,
mak this shairp intellectual and passionat music,
dangerous, maist dangerous, and naethin moderat,
florischan in the warld, a dauntless form of life.
The piobaireachd comes til an end, gin we may cry it end,
the grund naukit again, as tho it had aye been sae.
Gin it werenae a competition, wi international rules,
there seems nae reason why it suidnae stert owre again,
gin the piper has braith eneuch, and there's nae dout about that,
but he neatly thraws the thrapple of the deil in his pipes,
that dees decently, wi nae unseemly scrauch.
He taks leave of us wi dignity, turns, and is gane.
The judges rate him heich, but no in the first three.

PART VI

No Fool like an Old Fool

There is no fool like an old fool –
    with stroke and hanger and pot-hook
on tram-lines at the infant school
    I wrote that in my copy-book.

And that was sixty years ago,
    thanks to good guidance, I dare say,
or luck, most likely; now I know
    what life has taught by the hard way.

My follies since have multiplied
    more than they ever did in youth,
and all excuses that I tried
    have only proved the proverb's truth.

So, having let my follies run
    loose as they liked, through my misrule
at last I have no end of fun:
    there is no fool like an old fool.

Ane Guid New Sang in Preise of Professor Gregory Smith, Inventor of the Caledonian Antisyzygy

CHORUS

Of aa the Smiths that iver smouth
    the cliverest wes Gregory
whan he made up thon mixture, sooth! –
    the Scottish Antisyzygy.
Let ithers hae their terms uncouth,
    their *molto jigajygygy*;
the richt word in a Scotsman's mouth
    is Antisyzygygygy.

SEMI-CHORUS

The Scottish Antisyzy-o,
it fairly maks ye dizzy-o,
baith bandy-leggit and knock-knee'd;
it bates my Auntie Lizzy-o.

I
Gregory Smith, as ye've aa heard,
    he thocht he micht explain us
by means of this almichty word,
    sae nou we ken whit's taen us
that garrs us haver on. Absurd –
    he's maybe richt, by Janus!

        SEMI-CHORUS

II
Gin first I sweir that black is white,
    and syne that black is black,
ye neednae think that I've gane gyte
    or gien my heid a crack;
this Antisyzygy's a quite
    accepted Scottish knack.

        SEMI-CHORUS

III
And whan a Scotsman wants to threip
    in mainner pedagogic
that sheep are goats and sheep are sheep,
    he's really knappin logic,
no to be thocht on as a dreip
    or something psychologic.

        SEMI-CHORUS
        CHORUS

IV
Nae maitter tho we cannae tell
    a gudie frae a baddy,
and ae thing's aathing bar itsel
    I learned as a laddie
to contradict ma sense of smell
    and caa a ham a haddie.

        SEMI-CHORUS

V
Meantime we tak ensample frae
    thon desert baist, Chameleon –

St Andrew's white and blue the day,
　　the morn, Marx' vermilion.
Three cheers! We've got a mixed-up grey
　　and wear it by the million.

　　　SEMI-CHORUS

VI
Whit wad be inconsistency,
　　hypocrisy or cant
in lesser breeds, or vacancy
　　that micht be caa'd a want,
in us is Antisyzygy,
　　great Subject of ma rant!

　　　ENVOI

Guid save this Antisyzygy!
It suits our antanagoge,
but let us pray we never hae
a Scottish Antizymicy.

　　　SEMI-CHORUS
　　　CHORUS

Buckies

Auld wife, auld wife, hae ye onie buckies?
Tippence wirth of buckies, and
preens fir twa:
tane fir me, and
the tither fir ma lassie, o
we'll buy a puckle buckies fir
to pick in Po'erraw.

Fi'baw in the Street

Shote! here's the poliss,
the Gayfield poliss,
　　an thull pi'iz in the nick fir
　　pleyan fi'baw in the street!
Yin o thum's a faw'y
like a muckle foazie taw'y,

    bi' the ither's lang an skinnylike,
    wi umburrelly feet.
Ach, awaw, says Tammy Curtis,
fir thir baith owre blate ti hurt iz,
    thir a glaikit pair o Teuchters
    an as Hielant as a peat.
Shote! thayr thir comin
wi the hurdygurdy wummin
tha' we coupit wi her puggy
pleyan fi'baw in the street.

Sae wir aff by Cockie-Dudgeons an
    the Sandies and the Coup,
and wir owre a dizzen fences tha'
    the coppers canny loup,
and wir in an ou' o backgreens an
    wir dreepan muckle dikes,
an we tear ir claes on railins
    full o nesty irin spikes.
An aw the time the skinnylinky
    copper's a' ir heels,
though the faw'y's deid ir deean,
    this yin seems ti rin on wheels:
noo he's stickit on a railin wi
    his helmet on a spike,
noo he's up an owre an rinnan, did
    ye iver see the like?
Bi' e stour awa ti Puddocky
    (tha's doon by Logie Green)
and wir roon by Beaverhaw whayr
    deil a beaver's iver seen;
noo wir aff wi buitts an stockins
    and wir wadin roon a fence
(i' sticks oot inty the wa'er, bi'
    tha's nithin if ye've sense)
syne we cooshy doon thegither
    jist like choockies wi a hen
in a bonny wee-bit bunky-hole
    tha' bobbies dinny ken.
Bi' ma knees is skint an bluddan,

an ma breeks they want the seat,
jings! ye git mair nir ye're eftir,
   pleyan fi'baw in the street.

A Sort of Poets

Looking at (or rather, through)
a harmless, necessary view,
they threaten it, as teachers do:
'I'll make a poem out of you,'

like acting sergeants I once knew
(or suffered under, rather) who,
scanning a human heap, would coo:
'I'll soon make soldiers out of you.'

Engineers (bench-hands, rather) screw
conscripted bits of nature to
 the chuck, and say: 'I'll drill you through
and make components out of you.'

So they turn out a poem or two
(rather, a gross) though very few
real one-off jobs. And yet it's true,
they make odd images of you.

For the Bloomsbourgeoisie

The cultivated misanthrope,
   rolling Tchaikowsky round his tongue,
   will, ere his passing-bell be rung,
capitalise his private mope.

Hating all things, he finds a use
   for what's mere life to common sense,
   draining from each experience
its quintessential limbeck juice.

Of misery he spins a thread
   to troll Fleet River's guinea prey;
   one thousand barbèd words bewray
each golden fish from Hylas' bed.

Round him, the vulgar press and laugh
   and haul up fish in common nets,
   disdaining Art, while none forgets
to rally him with ready chaff.

Calamity yields goodly fat
   poetic raw material;
   love is a peg etherial
to hang a Latin Quarter hat.

And so this melancholy kink
   endured by our vicarian,
   to tickle the barbarian
may be enshrined in printers' ink.

Three Radio Forth Rhymes

VROOM-VROOM

Yes, that's the title of this piece I'm weaving on my loom.
Poetically speaking, for my topic is 'Vroom-vroom',
That ugly noise you must have heard on many days and nights,
Made by impatient motor-cars while waiting at the lights.

Why do so many motorists love to make so much noise?
To make them feel that they are posh? To give them social poise?
Surely the most distinguished cars are those that do things gently;
There's not so much Vroom-vroom about a Rolls Royce or a Bentley.

Maybe all that vroom-vrooming may be good for their morale
These days, when they may wonder why they're motoring at all,
And that may be the reason for the fussiness and whizzy-ness
With which they go about their private, all-important business.

No wonder those exhaust-pipes seem to please them more and more;
You know the kind, they give a scream that ends up with a snore;
It's taken much research and engineering, I suppose,
To manufacture silencers as arrogant as those.

In George Street, by King George's statue, as I picked my way
Past a vroom-vrooming stationary car, just yesterday,
It had its window open wide enough to give me room;
I poked my head inside that car, and shouted out: 'Vroom-vroom!'

The driver looked astonished, and I can't imagine why:
If he could go 'Vroom-vroom' just as he pleased, why shouldn't I?
Then all the cars began to move, vexed by their long delay,
I drew my head back, and he went vroom-vrooming on his way.

I'd acted without thinking; all the same I'd like to bring
My behaviour to your notice: let's all do this kind of thing!
We've all got voices that are put to very little use;
You'd like to exercise your lungs? Well, here's a good excuse.

SIX POUNDS

On Friday last but one, at just about eleven o'clock,
When in the crowded House of Commons Mr Wilson spoke,
I listened to the Wireless, and I thought I heard him state
That we were going to receive six pounds, at a flat rate.

Although I might have got it wrong, I gathered that Inflation
Was endangering the living standards of the British Nation,
And so, I thought I heard him say, it was upon these grounds
That we would have to be content with no more than six pounds.

The only ones denied this cash, so far as I could hear,
Were those who had eight thousand-five hundred pounds a year.
I did not view this with alarm; in any case, you see,
Restrictions of this kind at least would not apply to me.

I did not wait to hear the rest, but quickly hie'd me hence
To that palatial edifice, put up at our expense
To house our well-appointed rulers, whom we have to pay
How much? I do not know, more than eight thousand, I daresay.

I spoke to an official, an important-looking man,
And said to him, 'Sir, I should like to ask you, if I can,' –
I think my question was less stupid than perhaps it sounds –
'Please will you tell me, is it here I come for my six pounds?'

What happened next was what is sometimes called a pregnant pause,
While this important-looking man let out some hums and haws,
And I admired his splendid rooms, too lavish, but quite neat,
Impressed particularly by the costly pigskin suite.

'What six pounds?' was the stern reply. Before I could explain,
I found that I was down the stair and in the street again,

Why? – I don't know, except that this one thing is very clear:
It's not that I've eight thousand-five hundred pounds a year.

ALL PRIZES, NO BLANKS

To lots of people, June's a month of seaside traffic-jams,
To others, it's a weary time of swotting for exams,
And memorising facts that seem of no immediate use,
For instance – I can only think of that hypotenuse.

When the questions have been answered and the papers handed in,
And the classrooms are all buzzing with an unaccustomed din,
That's the hardest time of all for any teachers to stay civil,
As they use up red-ink biros, sorting decent work from drivel.

They enter rows of figures – theirs not to reason why –
In tables fourteen columns wide and forty spaces high;
They add, and work percentages until their heads are sore,
I suppose you find this tiring too, and so I'll say no more.

So somebody will go up Dux, and someone gets the Spoon,
With all the rest of them sized up, like squaddies in platoon.
Reports go out in envelopes, addressed and sealed with care,
With comments, tense with self control, from 'Excellent' to 'Fair'.

Now, if God made all men equal, as religious people say,
It would seem that those percentages are leading us astray;
We are surely doing wrong, in giving someone a reward
Just because he is clever, and is keen on working hard.

A psychologist was quoted on the News, the other night,
Condemning competition and exams, so if he's right
Soon everybody should have prizes, handed out all round,
When in this pleasant land of ours no nobody's are found.

In our egalitarian state you'll never draw a blank,
And there will be no more red ink in any school, or bank,
And in the Cabinet there will be a Minister of Prizes,
And children will stop growing up in different shapes and sizes.

And all will learn just what they choose, exploited by no rules,
All equal in the sight of Marx, in comprehensive schools,
Though there will always be some things regarded as essentials
To be preserved for evermore, for instance, differentials.

An Alabaster Box

'I feel black, burning shame, Councillor Sly,'
I said, this morn, in Abercromby Place.
I said, 'Sic wastrie's jist a fair disgrace' –
as a municipal Rolls Royce gaed by.

'To sell thon braw Ess Oh,' I said, 'and buy
a ludgin fir the puir, wad save our face
and social conscience, or in onie case,
micht keep us clear of protest-poetry.

Councillor Sly,' I said, 'I'm richt dismayed
thae anti-social vanities persist;
the cost of thon luxury wad hae made

a bield fir twa-three faimlies at the least.'
'Ye're owre partickler. That's aa richt,' he said,
'nou the Lord Provost is a Socialist.'

Speech

It's Anarchy we want, Anarchy.
End all the criminal courts, cells, the Dock,
men, born free, everywhere in chains,
shut up in gaol, silenced, out of sight.
The whole hierarchy of discipline,
lawmaker, judge, jury, all police,
wardens of all kinds, end the lot!
Rulers and governors, presidents, kings,
end them, the lot! Start a new kind of life!
And, first of all, form a new tribunal
of all the free people. Form a new
police, called the Free People's Police.
Apprehend freedom's enemies!
Lock them up! We'll need a lot more gaols.

Three Shorts

HEARD BUT NOT SEEN

I went with three thousand others
to see our New Great Leader.
I heard him all right,
but couldn't see him for microphones.
His words were convincing;
I wonder how he wears his lips.

NO MORE BILLIARD BALLS

Top Philosophers Say Truth Found
College Departments Closures Feared
Dons Redundancy Pay Requests
Heath Says No Surprise

LOVE A LA MODE

See how the poet, fired with love divine,
swives in the barley, full of barley wine,
whilst in the lane, impassioned by Five Star,
some lawyer's at it in his Jaguar.

Yellie Howker

The Yellie Howker
wi airn jaws
rests its chin
on tap of the waas,
jist muves back
an inch at a time,
doun comes fowre fuit
of stane-and-lime;
gowps thon up,
lats out a rair,
cairries it aff,
comes back fir mair.
Yon michtie hunter
is makkin siccar,
nabbin the housses
quicker and quicker.

Here it comes,
glowran aroun;
gie'd hauf a chaunce,
it'll gollop the toun.

Boarding House Birthday

What did you have for breakfast?

Liver, bacon and kidney,
a heart-transplant,
a village burnt, a tribe starving,
a strike for more pay,
a riot for more say,
and a favourable balance of trade
this time next year.

What did you have for lunch?

The same heart-transplant,
burnt village, starving tribe,
steak and kidney pie,
a liver transplant for a change,
incarceration of Greeks,
defenestration of Czechs,
encarcination of smokes,
defoliation of books,
chicory in the coffee,
a strike for more pay,
a riot for more say,
and a favourable balance of trade
this time next year.

What did you have for tea?

Fried cod,
the same heart-transplant,
the same liver-transplant,
burnt village, tribe starving,
Czechs, books, smokes, Greeks,
sham caviare, a monkey-gland
transplant ...

Did you say monkey-gland?

by modern techniques
from modern monkeys,
sham pâté de fois gras, pressed tongue, bad jam
a poor service they made of it,
with the waiters grumbling, and wanting more pay,
the Pound gone wrong,
prices 'n' incomes,
Usuria at six and a half per cent
in Glasgow Trustee Savings Bank,
a glut of cod,
something wrong somewhere,
a strike for more pay,
a riot for more say,
and a favourable balance of trade
this time next year.

What did you have for dinner?

Nothing.
I walked in the rain on the lawn,
wireless just a faint murmur,
dinner just a distant smell.
I had supper, though, like everyone else,
accompanied by the News
on the Third Programme, worst of the lot.
I should not have had any tea,
I should have eschewed the rissole,
but I could not have closed my ears
to the pressman's tongue.
So I had
the same heart, more liver,
the same village, the same tribe,
Greeks, Czechs, smokes, books,
strike, pay, riot, say,
and a favourable balance of trade ...

Did you have a quiet night?

My brain was working in reverse:
I had them all, all over again, the tongue,

the say, the pay, the books, the smokes,
the Czechs, the Greeks,
the liver, the tribe, the village, the heart,
peristalsis at full speed,
jammed in reverse ...

Many happy returns,
and a favourable balance of trade
this year next time.

Nemo Canem Impune Lacessit

    I kicked an Edinbro dug-luver's dug,
leastweys I tried; my timing wes owre late.
It stopped whit it wes daein til my gate
and skelpit aff to find some ither mug.

    Whit a sensation! If a clockwark thug
suid croun ye wi a brolly owre yir pate,
the Embro folk wad leave ye til yir fate;
it's you, maist like, wad get a flee in yir lug.

    But kick the Friend of Man! Or hae a try!
The Friend of Wummin, even, that's faur waur
a felony, mair dangerous forbye.

    Meddle wi puir dumb craiturs gin ye daur;
that maks ye a richt cruel bruitt, my! my!
And whit d'ye think yir braw front yett is for?

Calling All Hypocrites

I wes at a gaitherin
of hypocrites of aa sizes,
including masel,
tho, being a wee yin,
I had to jink in at the back door,
and thair I saw aa the Gret Hypocrites,
(me out of sicht, no supposed to be thair)
and amang aa thae braw hypocrites,
the bravest of them aa
wes thon gret Scotch scotcher of hypocrites.
Ken wha I mean?

Scottish Scene

They're a gey antithetical folk are the Scots,
jurmummelt thegither like unctioneers' lots
or a slap-happy faimly of bickeran brats;
the scrauch of their squabbles wad gie ye the bats.
Twa cock-blackies wad blush fir shame
to be that ill neibors as onie of thaim –
of *thaim*: the glib third-person tells
on me anaa; whit I mean is *oursels*.
Wha's like us? Here's the answer pat:
no monie, and muckle braw thanks fir that.
And wha's gaen about like me or like you?
Ye ken the solution yirsel: gey few!
And if I'm in the richt, as I ken I sall be,
the lave are aa wrang, I think ye'll agree;
supposin ye dinnae, I'll curse and I'll ban,
and I'll cry on Jehovah to lend me a haun
to lairn ye and yir upstairt gang
that I'm in the richt and ye're in the wrang.
Jehovah and I are gey faur ben
sen I chose to be yin of his chosen men.
And I dinnae fecht fir masel, forbye;
we fecht fir Scotland, Jehovah and I,
fir we ken faur better whit Scotland needs
nor onie of Scotland's lesser breeds,
owre thrawn, owre thick in the heid, or the pelt,
to listen to me and dae as they're tellt,
owre donnart, even, and owre obtuse
to curl up under my clever abuse.
Duty is duty, but it's nae joke
to sort thae curst antithetical folk.

Bingo! Saith the Lord

Ye ken of Bingo-haas, I suidnae wunner;
aabody's heard of sin. Tho ye may scunner
to hae yir lugs fyled wi its nesty name
ye'll hear eneuch about it, jist the same.
Scotland hersel, whas folk suid be mair worth

Gode's grace nor onie ither race on earth,
gambles on Bingo. Our guid toun anaa,
even Dreepdailie, had its Bingo-haa,
had it, indeed; it duisnae hae it nou,
praise the Lord's mercies, tho they be but few.
Bingo's aa richt for thaim that are hauf-crackt,
But no the Scots, certes, forsooth, in fact!
And niver sall be, while I hae the job
of bylin Scotland's conscience on my hob,
elect and walit by a special grace
allane to guaird the weilfare of the race,
a michtie scourge for mediocre hides,
especially the backsliders' backsides.
Hou can a Scotsman worthy of the name
waste aa his time upon this wicked game?
Hou can a Scot, whas thochts suid be on Hevin,
think mair of Kelly's ee or legs eleevin?
Duis thon free Scot, member of this Free Kirk,
think of his forebears skulking in the mirk
to get a shot at Tam Dalziel's dragoons?
No him – he's owre taen-up wi his cuppoons.
But that's anither maitter – I forgot.
Aweill, some puir denationalisit Scot,
I never mainaged to find out jist wha,
stertit this craze to hae a Bingo-haa.
I cuidnae stop it; our degenerate sons
floated a company to raise their funds,
got them anaa, tho nae bank wad advance
a loan to clear the dry-rot frae the manse,
and sae they had their haa in spite of me,
cockit upon a cleuch abuin the sea,
a bit of Anglo-Scots vulgarity
biggit of London brick and blasphemy.
So there stuid Gode and I, we saw richt weill,
by virr surrendert til the Anglo-Deil.
I didnae hide it; I wes vexit sair,
but if ye've heard I opent fire wi prayer
as tho it were a gun, ye've heard a lee:
prayer maun aye be yaised wi charity,

forbye, I wadnae claim a parity
wi Moses, for ensample, eh, na, na,
they cannae say I did it. Still, thon haa,
wi aa its Bingoists, gaed owre the cleuch
in a gey stormy sea; that's richt eneuch,
but it's no true that, as it tummelt in,
the hale kirk-session cried out, 'Lord, weill duin!'

Sonnet

By yir ain definition unco-richt,
ad infinitum, sae the lave are wrang,
responsible, self-waled elect, aye bang
in the middle, staiblisht, banning frae the hicht

of three appyntit poupits, with the micht
of patent Scottish richteousness, a strang
horny wi pouers to stop the common thrang
of Scots frae sharing Gode's first-cless daylicht,

maister, forbye, of geynear-dirty pley,
great Onodontist, gin some future state
requires a censor at a handsome pey,

ye'll get the job; ye'll keep us fine and quate,
aa deid and decent, gin ye hae yir wey,
and mak a richt guid stopper, oniegait.

Ten Couplets

Whit man duis oniething muckle, till
he gets owre his fear of being a fuil?

Whae's wyce to ken it's a fuil he's being
and duisnae cod himsel he's jist pleyan?

Whit fir, syne, maun ye stramp on the twits
wi yir cuddy-heels and yir tackety buitts?

Has Scotland fuils as some place, I hae read
in a buik, has wee puddocks wheriver ye tread?

Are there that monie, ye cannae gae

a mile without strampan on ane or twae?

Are the Scots owre kindly as a race
to keep their kinsfolk in their place?

Are our hard-heidit, taen-owre business-men
laith to blunt a makar's pen?

Duis the public of this generation
hyste our makars abuin their station?

Poetry's that ill to caa,
it geynear cannae be made ava.

Ye neednae multiplie our ills,
makkan us feart of being fuils.

Fable

Twa mice, that never ocht had kennd
bit puirtith cauld, cam in the end,
by rare guid fortune, sae they thocht,
til ane auld hous whaur mice had wrocht
their hidey-holes in sic a maze,
it micht hae gane back til the days
of thon seafaring patriarch
 that shairpt his teeth on Noah's Ark.
Forbye, a maist byordnar treat,
they cuid smell somethin nice to eat,
sae baith thegither cried, 'It's clear
the Revolution's happent here.'
They cleikit pinkies as we dae,
and wished a wish to keep it sae.
Jist then, in cam a muckle rat
and said, 'Git the hell ou' a that.'
Straucht, in ae blink, twa cats cam in;
the food, in fact, wes Warfarin;
as fir the hous they'd aa fand boun,
men cam that day and caa'd it doun.

The Plague

History books, though seldom reassuring,
comfort us when we read about the Plague.
We're safe at least from buboes, though we take
our own fears hard, and do a lot of moaning.
'Bring out your dead!' That sentence, neatly used,
may bring a smart laugh at a poetry-reading,
so comfortably free from instant meaning,
a sense of isolation is induced.
Those plague-producing bugs, we're told, kept breeding
on the Black Rat of Mediaeval times;
our rats are brown. Free from infection, chums;
that's what it tells us in this book I'm reading.
Outside my window there's a pair of rats
in broad daylight, too, not afraid or skulking
as you'd expect, frisking about and playing.
I see them closer now. These ones are black.

A Matter of Life and Death

My useful dead possessions come alive,
no use to me, though I suppose they have

fun at my expense. See, a bit of my door,
turned to wood-beetle, flying past your ear.

Haven't I paid for it, part of my house?
What right has it to put out wings and whizz?

Joists and rafters, sifting through the air:
'Look out!' says life, 'my spores are everywhere.'

Old sapwood timbers, wickedest for lust,
blow up mushroom-shaped clouds of bright red dust.

The organism's getting inchoate;
riot police are squirting creosote.

In solidarity, their trouser-seats
fly off to Ossett in the shape of moths.

Mansions are on the move; squatter and soldier
evacuate their posts, shoulder to shoulder.

Now that organic matter's in full flush
of victory, can we trust our own flesh?

We're told that Herod's maggots jumped the gun
while he was still, officially, live man.

So Herod, though no Christian, in his way
had life, and had it more abundantly.

Bourgeois reactionary, I would have
my maggots after, not before, the grave.

Why should my things now give themselves such airs?
What right have chairs, floors, tables, dadoes, doors

to go off on their own? At any rate,
my teeth stay loyal to their plastic plate.

Dreary Circle

A skinfu of hate,
muvan about,
pride stoked wi envy,
blawn baith wi wrath;
keep it out of yer hous
or aa sall be brunt;
self-justifeean, wi words,
wi words, and wi words,
moniplied, seemingly,
but truly double,
binary machine
thinks it can think!
aathing alternative,
tane or tither of twa,
wi me or agen me,
a skaithfu phrase
fir a non-Christian
proud of his envy,
proud of his wrath,
self-justifeean, wi words,
aabody wrang forbye,
or no even a bodie,

raither, a cless
in a classifee'd warld
of twa clesses,
twa alternatives;
bruitts are better,
they dinnae think they think,
no pruvable, but probable,
but they ken whit's guid fir them,
luik eftir their ain interests,
but proud? envious? wrathfu?
I'm no that shair,
sae monie species,
sae monie individual members,
we dinna ken,
seein anerlie their muving,
but it cannae be
that they are binary machines
in a warld of alternatives,
tane or tither of twa;
nae bruitt is fu of hate,
muvan in a circle
of circular reasoning,
thinking that he thinks,
self-justifeean, wi words,
a skinfu of hate,
muvan about.

Deevil, Maggot and Son

'This oorie thocht,' said he,
   'is naething of my ain –
a man tellt it to me,
   I never heard his name:
"The Deevil can hae my sowl;
   gin he leave my ingyne,
my corp the maggot prowl;
   it niver wes richtlie mine.
And for yon third, the son,
   smaa wunner he luiks grim;
whan I hae bocht my fun,
what will be left for him?"'

Scunner I

Sinday nicht, and I'm scunnert wi ocht
I hae ever socht, or wished, or bocht;
my bit of life crined aa til nocht
but a sour taste, and a dour thocht.

Bells yammer; the kirks are bricht
wi thousand-watt electric licht.
My sawl blinters in the fricht
of its ain mirk, on Sinday nicht.

Scunner II

Whitna wey of life is this?
Warsle throu an echt-hour darg,
there and back in winter's dark
on a knocking motor-bike.

Echt hours by the clickin k'nock;
tot-up figgurs, money short;
hurrle hame your shouglie corp,
green licht, clutch and gears and clutch.

Sinday's owre short, Moanday, the bitch,
owre lang, and Boozeday wheechs ye on
til Heidacheday and Thirstday syne,
and Peyday, lowsan-time, is neist.

Batterday comes roun at last,
tairget of the five-day week,
jist in time to dip your wick;
whitna wey of life is this?

Scunner III

Feugh! but I'm fearie,
dowff, donnart and dusty,
dowie and dreary,
fusionless, fusty.

I'd like to lie doun
for a gey lang bittie,

but dinna mistak me –
no for eternity.

A year wad dae fine,
on a bieldit strath
in a limewashed bothy,
a twalvemonth of sabbath.

Fegs! but I'm fashit,
dizzy and doazie,
deid duin, disjaskit,
forfeuchan and foazie.

They that are Seik

They that are seik may be pit richt,
gin but their seikness can be namit
by men wi haunnles til their names,
nae ill the warld has disclaimit.

For siccan dule, the N.H.S.
has nostrums ethical and copious,
respectable and standardised
in decent pharmacopias.

For ailing, libbit, human yauds,
weill broken-in, they can aye suit us
wi the richt treatment frae the buke,
prescribing medicine and duties.

Sae, being curit, we are weill,
they tell us sae, and we believe it.
And what-for-no? The doctors cure
and sign certificates to prieve it.

What if we suffer frae guid-heill
that rives body and saul asunder
wi thochts of what is and micht be
diluting us in dark-broun scunner?

What if we never quite forget
life micht be jist a bit mair comely?
Dangerous thocht biles up in spate,

freithan like peat-bree, dark and drumly.

The ae remeid aye left til us
is to pit on a mask of meekness,
keep it as steidy as we can,
illegally conceal our seikness.

This ill is ours, we maun haud on
in privacy gin we shuid hae it,
or ither-weys keep til oursels
our drumly thocht, and never say it.

A felloun seikness, ill to thole,
but weill for us gin it's negleckit;
tak tent as the Inspectors come
and gae: we're maybe no suspeckit.

Malingering in shady loans,
we, unredeemit, hide our crimes,
smit-cairriers, wi borrowed face,
absurdly hope for better times.

Owre Weill

I'm early up, this Friday morn,
    and feelin maist byordnar gay;
ma heid's as caller as a herrin,
    I'm faur owre weill to wark the day.

Something's gane wrang: my heid's no sair.
    I'll see the doctor, and he'll say,
He's no been taen this wey afore;
    the man's owre weill to wark the day.

Sen Monday, I've duin fowre days hard;
    I shuid be donnert, but I'm nae.
I tell masel, Be on your guaird,
    ye're faur owre weill to wark the day.

Thor's Oh!

Thórshaugr on Skinandi ... gey teuch in the mou,
    thon norland breed!
Thor's Mound on Skinklan River, Tarvedun
    for Dunnet Heid,
Turishau, Turseham, Thorsan or Turseha,
    or ... michtie me!
Tarvo-dubron, Bull's Water ... here the linguists
    dinnae aa gree.
Bit whit a river is thon! ... the strang water
    of Thor Himsel
bulleran doun by the rousts of the Pictland Frith
    to mell in Hell
wi breengean heid-on currents and switheran tides
    jist twa steps doun ...
twa Thor-size steps, tho, as they hae to be ...
    frae the fisher-toun.
Nou Thunneran Thor's gowff-baa's tee'd up at Dounreay.
    He'll swype it yet
a gode-like dunt wi Odin's borrowed brassie ...
    whit a fricht he'll get!

The Traivler

(frae the Anglo-Saxon)

Aften the friendless man   franes favour,
his Makaris mercy,   but moody wi care
maun trauchle lang   owre the sea-lanes,
straik wi his haunds   the ice-cauld sea,
wander in outland weys;   his weird is shair!
Quo thus the yird-traivler   wi thochts of hardship,
of felloun murders,   his ain folk killed:
'Aften, allane,   at ilka day-daw,
I mak maen of my waes;   til nae man nou levan
wad I daur threip   my ain thochts
wi onie fredome.   I ken as a fact
it is countit in a man   a noble custom
that he bolt and lock fast   the thochts of his briest,

haud weill his hertis hoard,   hanker as he will;
nor will dour thocht   dae him onie guid:
sae monie a wycelike man   wanting glory
will bind his dool   fast in his briest.
Sae monie a time   I hae sealed up my mind
on fremmit coasts   cut aff frae my kin,
my noble friends,   wi a fudder of cares,
whan he langsyne   that helpit me,
my guid friend   wi the giean haund,
gaed doun in dern   ablow the grund,
daith dingit him;   and I in my dool
hirplit awa,   hadden-doun wi grief,
winter in my sowl,   owre fremmit seas,
coost doun wi care,   socht some castle
whaur, faur or near,   I micht find
a gentil chief   generous wi his siller
that micht ken my face   as I cam to the mead-haa
and favour me, friendless,   wi fair giftis.
He kens, wha in puirtith   prieves it for himsel,
hou fell a falow   is grief to fare wi
for the man that has few   friends to fend for him,
banisht he gaes;   nae wrocht gowd for him,
cauld in his banes;   the cantie rowth
of the warldis walth   comes-na his wey;
he minds of heroes in the haa   and treisor-handsels,
hou the friend of his youth heid   wes free wi his gowd,
and feasted him weill: joy is wede awa!
For-thy he kens this,   wantan the counsels
of his weill-lued kinsman   tined langsyne;
whan sorrow and sleep   assail him thegither
and aften owrecome   the puir exile,
he dreams that he hauds   his chief's haund,
klimps and kisses him,   hummilie on his knee,
as he did, langsyne,   by his lordis throne;
he waukens suin forlorn,   a friendless man,
sees afore him   foul-farran swaws,
sea-maws souman,   spreidan their fedders,
snaw in foichens,   wi frost faain
myngit wi hail   about his heid.

Sair, for his ain luve,   sorrow comes again.
Syne thochts of his kindred   cross his mind,
he greets them wi sangs,   eagerly gazes
on weill-lued fechters: they soum awa;
shipmen's sowls   are gey seldom slockent
by kennd words;   care comes back
til him that sall send   owre frosnit seas
his trauchlit mind,   time eftir time.
Sae I cannae think   hou in this warld
my ain hert   is no hadden-doun
whan I think on aa   the life of thanes,
hou swith they hae tined   baith toure and haa
and michtie ghillies.   Sae this middle-yird
ilka day   dwynes and faas;
for wyceness comes to nae wicht   or he wins his share
of the warldis winters.   A wyce man maun be patient,
no owre feart, nor flaunty,   nor owre fidgy for gain,
nor owre ready to brag   or he kens the richt wey o't.
A man maun bide,   whan he maks his boasts,
till, cocky wi pride,   he kens fu weill
whaur his mind's tricks   will turn in the end.
A wyce man maun see   what sorrow will come
whan this warldis walth   sall staund wasted,
as nou here and there   on this middle-yird
staund dry-stane waas   blaffert wi winds,
covered wi cranreuch,   castles in larochs.
The wine-haas are rubble,   the rulers liggan
by joy forhowit;   bonnie fechters hae faan
by the waa in their pride;   weir killed some,
reivit them on faur roads;   ane the raven tuik
owre the gret sea;   ane the grey wolf
did til deid;   ane in the grund
a dowie hero   hid in a hole.
Thus the Makar of men   murlit this yird
sae that, free frae cantie feastin   of castle-folk,
the auld wark of giants   stude tuim.
Wha faddoms deeply   this dern life
faur-ben intill   the founds of things,
warslan in thocht,   wyce in his hert,

will aften, for-thy,   thirl his thochts
till auld-time massacres,   and thus speak his mind:
"Whaur is the meir?   Whaur is the man?   Whaur the kind maister?
Whaur the hospitable hous?   Whaur happiness in the haa?
Wae's me for the bricht mazer!   Wae's me for the mailed fechter!
Wae's me for the chief's glory!   Hou yon time has gane,
dernit in dirkness of nicht,   dwynit as a dream!
Nou, aa that is left   of the liefsom fechters,
staunds a wondrous heich waa   rich wi serpent-wark;
the chiefs hae been slain,   steikit wi ash-wuid spears,
bluid-greedy wappins;   their weird wes glorious;
and storms blatter   thae scree-cleuchs;
the on-ding   dumfounders the yird
wi winteris mannace.   Syne comes mirk,
nichtis black shadow   sends frae the north
snell hail-shouris   for skaith of men.
There is nocht but hardship   here on the yird,
aye walteran is the warld   by its weird under hevin;
ye find nae siccarness   in friends, gear or folk,
aa this firm-set yird   ends in a fipple".'
Sae spak the wyce man in his hert,   and sat apairt in thocht:
a guid man is he that hauds til his faith: never owre hasty
to confess the cares in his breist,   but-gif he may ken the cure
and bravely better himsel.   Weill for him to beg mercy
and solace frae the Faither in hevin;   there, for us aa, safety staunds.

Swan Song

(Translated frae the *Carmina Burana*)

Umquhile I soumit on the lochan,
umquhile I kent I was guid-luikan,
the bonniest swan of onie cleckin.

Wae's me! I'm aafie birslit,
brunt black, and aa reeslit.

I'd liefer be wi water scourit,
my heid wi caller blast be clourit,
nor under aa this pepper smoorit.

Wae's me! I'm aafie birslit,
brunt black, and aa reeslit.

Aince I was whiter nor the snaw,
brawer nor onie bird ava,
but nou I'm blacker nor a craw.

Wae's me! I'm aafie birslit,
brunt black, and aa reeslit.

Nou the cook birls me roun and roun,
wi fire I'm brennan like Mahoun,
on table they hae set me doun.

Wae's me! I'm aafie birslit,
brunt black, and aa reeslit.

Nou I'm liggan on the ashet,
I canna flee; my wings are hashit,
I see the teeth gang snishet-snashet.

Wae's me! I'm aafie birslit,
brunt black, and aa reeslit.

PART VII

Agin the Commies

Mind whit ye're letting yersel in fir, Jock;
let thaim that bulloxt it redd up the mess:
the warld, dispitous, gaes like a k'nock;
bide ye at hame, mind yer ain fashiousness.

I wadnae bluidy like to be thae folk
that seek the wrack of Romes and Offices;
ye're breengein throu a kyle wi monie a rock,
dunschin yer heid agin the justices.

Mair like the thing, to eat yer breid and spit,
ye ken, nor risk yer thrapple out of greed
to pley the lairdie and growe fat on it.

Let water rin dounbye to the mill-lead;
ye're dear to Gode – I'm shair ye maun admit
hou he's been saving ye yer daily breid.

No 20 *Contro li gioacobbini*
19 febbraio 1830

Leve and Lat Leve

This swinish Rome, Christ, whit a reivers' den
it's turnt til, may Gode forgie the curse!
Hemp raips and hingan-shaws, wull ye no hearse
this haill wansonsie nest of wicked men?

Ye see, by Gode, hou cheatrie's taen a lenn
of thon guidman wi nae breeks til his erse,
as if his shanks were things that winna birse
and werenae made of baptised skin and bane.

If I micht be the faither, him that feeds
the folk, and had some pouers intil my neive,
I wad pit back the harns in the heids.

It's the Food Meenister I want to deive
wi twa-three words of counsel that he needs:
'Sir Whitsyername, gie puir folk leave to leve.'

No 21 *Campa, e lassa campà*
19 febbraio 1830

Auld Times and New Times

My granpaw tells me there wes nae sic thing
as cornering of mairkets by regraiters
in his ain times, whan orra hard-up craiturs
pleyed gemms fir hauf-a-croun, and had their fling.

Ae hunner eggs (nae chouks) ten bob – they sting
us nou at fowrepence each; (and thae "reflaters"
and siclike blethers dinnae think it maitters)
meat, seevin P, takkin the sinnon-string.

Yil frae Craigmillar, no that faur frae here,
wes sauld, geynear fowre pints, fir echteen pence,
and hauf-pund penny bannocks wad be dear.

Nou ilka day brings mair and mair expense;
up gaes the beef, the breid, the saut, the beer,
the accident-rate anaa. Gode! whit's the sense?

No 43 *Tempi vecchi e tempi novi*
25 agosto 1830

Campidoglio

This is Campidojo, whaur Titus ran
his retail mairket, selling Jewish folk,
and here's whit they cry the Tarpeian Rock
whaur Cleopatra coupit her guidman.

Marcus Aurelius thair, aa spick and span
in his topcoat, fearing nae tempest-shock,
says Abbot Fea, keeper of antique trock,
sall turn to gowd, believe it if ye can.

Jist hae a guid luik at the mannie's face
and at the horse's rump, I think ye'll say
that ye can glisk a kinna yellie trace.

Whan the haill thing turns gowd, as weill it may,
that spells the end of even the statue's base,
because it shaws we're gey near Judgment-day.

No 46 *Campidojo*
10 settembre 1830

The Comforter

This nicht at midnicht the puir presoner
hears in his door the scrauchin of the key.
Strechtwey til him comes Pilate's servitor
and says, 'The judge condemnis ye to die.'

In comes the monkish-hoodit comforter
atween twa lichtit waxen links, held hie
wi fowre bruitt guairds of teucher character
nor this douce frien wi fake tears in his ee.

'Cheer up!' he shouts. 'Ma frien, ye'll suin be leavin
this yird fir happiness and true remeid.
Gaither yer smeddum nou to flee til Hevin.'

'Happiness, hell! Keep it yersel insteid
of me,' he says. 'I wuss ye were receivin
this benisoun, and I cuid ding ye deid.'

No 54 *Er confortatore*
13 settembre 1830

Mammie's Counsel

D'ye see hou folk pit twa and twa thegither
hou thae ear-rings cam intill yer possession?
And you, ye fuil! hae some want, or obsession
wi guilt, or guid kens whit, that garrs ye swither!

Ye neednae tak a tellin frae yer mither,
but jist to profit frae the situation:
if some rich chiel suid mak ye a profession
of sairvice, I'll no garr luve's blossom wither.

Nae dout, this darg has keepit ye gey thrang,
but heize his boat out, set him oarin in it,
and syne he docks the pey: that's an auld sang.

Oh, whan ye hear owre muckle rumour rounit,
be proud; gie him a puckle and think lang.
Wha duisnae save he's sel, my lass, is drounit.

No 55 *Li conziji de mamma*
14 settembre 1830

A Guid Upbringing

Son, dinnae let yer faither doun, that's aa:
tak tent, and dinnae ye git strampit on.
Gin somebody comes up and gies ye wan
in the mouth, answer back quick and gie him twa.

Syne, gin some ither guffie Johnnie-raw
threips ye a couthie wee discoorse, ye maun
tell him: 'Awa and stuff yer sermon, chum:
let's mind our ain bluidie business, haw?'

Pleyin gowf or the boulin fir a pony
of maut, drink, son, luik eftir yer ain needs;
as fir thae skellums, niver gie them onie.

Being a Christian helps ye dae guid deeds:
for-thy ye'd better aye cairry upon ye
a guid, weill-shairpit gully and the beads.

No 57 *L'aducazzione*
Roma, 14 settembre 1830

The Reminder

I mind the day – whan they hingit Anthony
Gammerdella – ma confirmatioun
jist feenisht, and ma gossep said, 'Here, loun,
a doughnut-ring and jumping-jeck for Johnnie.'

Ma faither hailed a cab but, still-an-on, he
meant to enjoy the executioun:
haudin me up heich, gruppit by ma shoon,
said, 'See the gallowses, they luik real bonny!'

That very moment Maister Titta gied
the patient's airse a kick, and doun he fell,
ma faither fetcht me a skelp on the side of the heid.

'Tak this', he said, 'mind whit A hae to tell,
this fore-ordainit weird has been decreed
for thousans that are better nor yirsel.'

No 67 *Er ricordo*
Terni, 29 settembre 1830

Gyte Again – I

Ken wha's gane gyte again? Prickinprickout:
his boss, that's seen him daft three times afore,
muvit him til the mad-hous at Kilmore,
to sort his whigmaleeries up, nae dout.

And thair he stertit kickin up a stishie, tore
up aa the beds, and banged his heid about:
sae nou they've got him fanklit, haund and fuit,
wi padding on the waas and steikit door.

Weill oniewey! ye'll mind, eh Greasybeard,
hou lang his harns hae been pleyin hy-jinks
ivver sen he wes coachman til the Laird.

The faither and twa brithers thieves: some gang!
mither a nark, three titties cowclinks:
a bunch of maniacs, the haill jing-bang.

No 156 *Er matto da capo I*
Terni, 3 ottobre 1831

Gyte Again – II

The Laird's new coachman, Sandie frae the mill,
wha brocht the horses back, tellt us a tale
that aa this month the daftie, richt up till
last nicht, has had a lucid interval.

Of coorse we ken, fir cakes, mutton and kail,
hy-jinks, big mealie puddins, the French Ill,
grey jeelit tripe, and faces green and pale,
Kilmore's the place whaur folk can hae their fill.

Sen thon's the wey o't, ye can bet I ken
they'll hae the wee coachman, in a week, I'm shair,
wi his grey maitter puit to richts again.

Bit cheenge his driving-sait fir the haa-door, whair
the fuitman sits, ye'll see, it's roun the bend
his harns will gae birl-about yince mair.

No. 157 *Er matto da capo II*
Terni, 3 ottobre 1831

Wine

Wine is aye wine, I wadnae tell a lee:
whaur wad ye finnd better nor this, Elise?
Whit colour is it? Aumber! Ye can see
nae unco slichtest drumly haet of lees.

This wine can heeze ye up and sowther ye
to feel ye'd like to be a bride: it gies
ye virr: gin ye've chaw'd fulyie, even, a wee
drappie sall mak yer mou sweet as the breeze.

It's guid dry, douce and middlin, by its lane
and wi breid sowpit in't, shair as I'm levin,
sae true, it sorts baith stammick and the brain.

It's guid baith white and reid, and black, even,
frae Orvieto, Genzano, baith worth haen,
but the Est-est, thon is the soothfast hevin!

No. 158 *Er vino*
Terni, 3 ottobre 1831

Cain

Cain, dominie, I'll no speak up fir him,
fir I ken mair nor ye dae anent Cain:
wine, aince in a while, that's aa I'm sayin,
can cheenge a man and mak his conscience dim.

I ken, to teer yir brither limb frae limb,
or pash his heid in wi a muckle stane,
is a gey keillie-mainnert wey of daein,
a guffie bit of wark, jist sae, maist grim.

But, seein Gode wes aye crabbit and dour
whan he brocht neeps, honey and sunflure-seed,
tho Abel's milk and yowes were Gode's plesure,

til a man like hiz-yins, made of flesh and bleed,
it wes eneuch to mak his bile turn sour:
and sae, my freend, slash, slash, whan he saw reid.

No. 180 *Caino*
Terni, 6 ottobre 1831

Think for a Year and A Day Afore Ye tak a Wife

'Dinnae git wad, while yer mither's alive and weill –
mind whit I say.' That's whit I tellt young Perce.
But sen he fand a lid without a seal,
wad he pey heed to me? Quite the reverse.

The auld wife fuffs and fluthers like a deil,
the young ane has got Satan in her erse:
wi thaim twa randies dancing sic a reel,
somebody's gauntae leave here in a hearse.

Tane wants things cuikit, and the tither, raw;
the pair of them's like Judas and the noose:
tane wants a hank, the tither wants a baa.

Ilk hour they hash and flyte at ane anither
like deid-smooth file and risp, like dug and puss:
in fack, they are guid-dochter and guid-mither.

No. 233 *A pijà moje pènzece un anno e un giorno*
12 novembre 1831

That's Hou the Warld Gaes

Ye're daft to trauchle yersel seik, for-thy
the warld wants to breenge at sic a speed
dounhill: whit's that to yese? Gie'd its ain wey:
d'ye houpe to heyst it up? Why fash yer heid?

Whit's aa the steir anent posterity,
seeing that, oniegait, ye sall be deid?
Son, blink thae blethers aathegither, why
negleck yer ain day's darg whan there's nae need?

Wha cuid dae mair nor Christ to save us aa,
sweitan a bluidie sark to pey our fee;
whit cam of thon, whit betterment ava?

Nou, here's the secret to glaumerifie
thaim that wad hae the happy days of Noah:
the elixir of Doctor I Dinnae Gie ...

No. 234 *Accusí va er monno*
Roma, 14 novembre 1831

The First Mouthfie

Whit's the warst sin, they threip til hiz in chapel,
that connacht the hale warld, by its lane?
The first? Na: nor the saicont, nor third ane,
nor fort. Fift, greed, has got us in its grapple.

Jist for the sake of thon wee bawbee aipple,
richt doun the siver, that's whaur we hae gane,
kenspeckle-luikan wi this wee roun bane
that stauns up in the middle of our thrapple.

As for begowkit Adam, wad ye believe
sic daftness? Guidsake! whit a thing to dae
to hiz, wi thon bad, grippy whuer, Eve,

hadnae our hevinlie Faither, Gode, ae day,
being richt gleg, sent his ae son on leave
doun til this yird, as easement for our wae.

No. 254 *Er primo boccone*
Roma, 21 novembre 1831

That's Waur

And duis inflation mak yir feet less sair?
D'ye think it's guid fir ye, steirin yir shanks,
rinnin til the Exchequer and the banks
to cheenge yir notes, and finding naething thair?

My faither left me fouth, til him be thanks,
whair is it nou? – devallit in thin air,
tho I may sweir, seeing that I am puir,
in my case it wad dae to fend my flanks.

Suppose ye've twa-three hunner pund the nou,
a thousand, cheenged the morn intill sclate,
while ye sweit bluid to keep frae the Burroo!

But if thae notes dinnae honour their debt
that strips the baith o's naukit, me and you;
the Government be buggert, oniegait.

No. 272 *C'è de peggio*
25 novembre 1831

Judgement Day

Fowre muckle angels wi their trumpets, stalkin
til the fowre airts, sall aipen the inspection;
they'll gie a blaw, and bawl, ilk to his section,
in their huge voices: 'Come, aa yese, be wauken.'

Syne sall crawl furth a ragment, a haill cleckin
of skeletons yerkt out fir resurrection
to tak again their ain human complexion,
like choukies gaitheran roun a hen that's clockan.

And thon hen sall be Gode the blissit Faither;
he'll pairt the indwellars of mirk and licht,
tane doun the cellar, to the ruiff the tither.

Last sall come angels, swarms of them, in flicht,
and, like us gaean to bed without a swither,
they will blaw out the caunnles, and guid-nicht.

No. 273   *Er giorno der Giudizzio*
25 novembre 1831

The Warld's End

Whan the haill warld has gane up in smuik
wi aa that Jesus Christ created here,
syne we sall see the Antichrist appear,
to preach a discourse to the assemblit fowk.

He'll come and gie them aa a dirty luik,
wi geant's body and gey ugsome fere;
he'll be a nun's get, faithert by a frere,
a case no chroniclit in onie buik.

Neist, firtae face this nestie bruitt, and try a
fecht wi him, there sall come frae St Paul's bunk,
eftir a thousan years, the Nochelia.

And yince the deevil out frae hell has slunk,
to share out aa the fowk wi the Messiah,
the warld sall be left ahint as junk.

No. 274   *La fin der monno*
25 novembre 1831

The Paip

Gode wants the Paip unmairriet, for fear he'd mak
wee paipikies pop up and see the licht:
syne aa the cardinals, puir craturs, micht
be left tuim-neive'd, naething for them to tak.

But, for aa that, the Paip can tag-up slack
knots as he likes, or lowse thaim that are ticht,
mak sancts of hiz, or hide us frae Christ's sicht,
and bash out blinlans wi ane michtie whack.

Aside this binding and unbinding trock,
he carries twa keys firtae tell the story
that this yin aipens, thon yin steiks, the shop.

And that gret muckle haggis-shapit toorie
means he's the heid-yin, wadnae gie a dock,
and rules the yird, hevin and purgatory.

No. 279 *Er Papa*
26 novembre 1831

The Funeral of Leo XII

Last nicht, forenenst us, the deid Paip cam roun
the corner, and gaed inbye Pasquin Square.
His heid, nid-noddin on the pillow, fair
made a wee angel of him, sleeping soun.

The trumpets cam, blawin a muted soun,
and neist, the muffled drums, and syne a pair
of mules wi thon bed-baldachin affair
and the twa keys, and triple papal croun.

Staig-chiels wi bleizan links to gie's a licht,
scrap-airn cannons, monie a priest and frere,
thae bluidie noble guairdsmen, a braw sicht.

The kirk-bells stairtit jowin faur and near
whan the deid man cam furth intill the nicht.
Whit bonnie functions enterteen us here!

No. 280 *Er mortorio de Leone duodecimosiconno*
26 novembre 1831

The Guid Family

Faither wins hame, my grannie leaves her wheel,
puir sowl, gies owre her spinning for the nicht;
she lays the buird, blaws her wee coal alicht,
and we sit-in to sup our puckle kail.

We mak oursels an omelet, aince in a while,
gey thin, sae's ye can fairly see the licht
throu it, jist like it wes a lug: aa richt,
we chaw a puckle nuts, and that's our meal.

While Faither and mysel and Clementine
bide on, she clears the buird, gaes aff and redds
the kitchie, and we drink a drappie wine.

The wee carafe timmit doun til the dregs,
a wee strone, a hailmary said, and syne,
lither and lown, we sclimm intill our beds.

No. 287 *La bona famija*
28 novembre 1831

The Deidlie Sins

Faither Patta, the dominie, thon's him
lairns the loun whase dad maks liquorice,
says that, forbye the fuitsy-fuitsy sin,
there's sevin mair, cam frae ill-hairtitness.

Here they are, ane at ae time, I'll rin
the ragment owre: first pride, syne avarice,
tird usury, fort ire, and the fift yin
is greed, saxt endive, sevint and last, sweirness.

Whan Gode creatit sevin sacraments
the deil creatit sevin sins to fleer us
and set at twa the contrair elements.

Whan Gode plenisht the warld, it appeiris,
wi guid confessors, hummil penitents,
the deil, eenow, creatit nuns and freiris.

No. 304 *Li peccati mortali*
12 dicembre 1831

The Weedie wi Sevin Bairns

This month syne I hae sent the youngest wean
til the wee, faur-back Brithers' Schuil, I'm shair
he'll dae aa richt, screives pat-heuks, pretty fair,
and chants the easy nummers by his lane.

Yin's been to Daddie John's a year and mair,
maks umberellies, tither's hewing stane
at St Michael's, the Orphanage has taen
the auldest laddie, they lairn him Latin thair.

Of the three lassies, Nina dee'd, our Annie
is at the Little Clogs' Hospice, and wee
Nunziatina's mindit by her granny.

And I, puir wife, juist fend, nae mair, ye see,
darnin thae fowk's duddy socks, I cannae
dae mair, or Our Leddie provides for me.

No. 311 *La vedova co sette fiji*
6 gennaio 1832

The Roman Lottery

Wad ye believe I ever wad hae been
hopeful eneuch to try this morn's draw,
needing a run of five fives in a raw!
3.   7.   24.   8.   17.

Blast him that first put thaim in the tureen,
and thon barker that bawl'd them out anaa:
I'd like, whan nocht's in thair but ninety-twa,
to stake his heid agen the guillotine.

Why is it mainaged by the Castellett'?
To cheise aforehaund mang theirsels, and fix
wha draws neist eftir the wee orphan-get.

See thaim that come out of thir bailiwicks,
thon lace that lurks ahint the parapet:
naebody kens about thon box of tricks!

No. 344 *L'astrazzione de Roma*
16 gennaio 1832

Men of the Morn's Warld

Try this on Faither Patta, him that raps
sweirt penitents wi he's 'Staund forrit, here.'
I ken a hantle fowk, wadnae appear
inclined to swallie ready-plottit saps.

But thae backsliders, thae het-heidit chaps,
thae freemasons, thaim that's a wee-bit queer
up-tap, their swords are made of leid: it's clear
they'll talk aa richt – staund forrit? – weill, perhaps.

Yon sumphie-heidit mob are aa the same;
they'll clear the bosses out, and aa their billies,
cry them bluidsookers, and mak laws for thaim.

But ye can answer thae ken-aathing fellies
that the Guid Lord, whan he gied men their frame,
except for five or sax, made them aa ghillies.

No. 350 *L'ommini der monno novo*
19 gennaio 1832

The Reminder

D'ye mind of thon auldfarrant-leukan priest
that learnt folk in their ain houses, him
wi twa white linen bands about his kist,
a muckle goun of some coorse kinna scrim?

that stuid amang the heid-stanes, his lang, thin
shanks like twa parritch-spirtles, niver missed
a yirdin, him that gaed til the Sun Inn
fir denner, and wad pey a hauf-croun, jist!

Aweill, the ither day, they fand him deid
and hingit, wi a raip about his throat
tied til the crucifix-heuk abuin his bed.

And this wee ploy of his meant sic a lot
to him, to keep the maitter in his heid,
he'd even tied his hankie in a knot.

No. 358 *Er ricordo*
20 gennaio 1832

Wha Gaes by Nicht, Gaes til his Daith

Hou accidents will happen! Here's my story:
yon aafiest hellish nicht I iver saw,
coming hame frae Split Heid Street, in the smaa
hours of the morn, frae visiting Victoria,

jist as I mak my wey up frae the Doria
to sclimm St Mary Street, I skyte and faa,
Christ! whit a dunt! back of ma heid anaa,
it gied my harns a phantásmagória.

I'm doun, and weeping like a broken stick
of rhubarb, whan a cairriage, if you please,
a posh turn-out, gaes by, no very quick.

'Stop!' shouts a sairvant-laddie, whan he sees
the state I'm in; but a wee sweet-voiced chick
inside the coach says, 'Drive on; wha dee's dee's.'

No. 360 *Chi va la notte, va a la morte*
21 gennaio 1832

The Rulers of the Auld Warld

Yince on a time there wes a King, wha sat
screivan this edict in his palace-haa
til aa his fowk: 'Vassals, I tell ye flat
that I am I, and you are buggar-aa.

I mak richt wrang, wrang richt, my word is law:
I can sell yese, sae muckle fir the lot:
If I hing yese, ye're no ill-yaised ava,
ye rent yir lives and gear frae me, that's that.

Whasae bides in this warld, bot the title
either of Paip, or Emperor, or King,
sall niver mell in oniething that's vital.'

The heidsman tuke this edict roun in sicht
of aa the fowk, speiran anent this thing,
and they aa said til him: *That's richt, that's richt.*

No. 361 *Li soprani der monno vecchio*
21 gennaio 1832

The Condiment of Paradise

Eftir Gode had creatit in a week
aa kinna orra things, baith nice and naisty,
in or near Paradise, he made a cleek,
and an thon cleek hingit a ham, gey tasty.

And said, 'Thon wife, that niver wes in haste tae
faisten the horns on a man, sall stick
her knife intilt and hae a graund fiesta
wi breid of hevin, hailmeal, our ain bake.'

Jist walin them at random, we can say
Eve dee'd, and Leah dee'd, and Abigail
and aa the lave, doun til the present day.

Ilkane of them, knife in her haund, wad fail
to cut a whang, and nane of them cuid hae.
Sax thoosan years, and still thon ham is haill.

No. 377 *Er companatico der paradiso*
26 gennaio 1832

Weedoheid

She sent me to the dressmaker, that ane,
my lang-chinned maistress, ken? her that's the weedie
of Muccio, that dee'd twa month bygane
eftir a kick that he'd got frae a cuddy.

I bet ye'll niver guess? Here's whit I'm sayin,
the fuil's in murnin, luiks richt fuddy-duddy,
and keeps, aside whitiver wark she's daein,
a locket wi his ill-faur'd gizz, puir bodie.

She greits aye fir her guidman, sadly missed,
eating, asleep, shewing, this quaet wee mous,
coming or gaun, her tears are aye at risk.

Bit aa's no gowd that skinkles; ben the hous
she has a dooble bed, I catcht a glisk
of twa howe places pressed in it, gey douce.

No. 378 *La vedovanza*
27 gennaio 1832

The Wemen of my Toun

There are nae wemen oniewhair ava
like ours in Rome, sae faur as A can see
the wey they're aye confessing, ane and aa,
and being cried guid Christians, deary me!

Are they a wee-bit whurish? That may be,
or garr their guidmen's siller melt like snaw;
as for devotion, but, A'm tellin ye
they thrang the aisles like starlings on a waa.

Whit dae they gie the warld? the ugsome load
of worms caa'd the flesh; their hairts' ae care
is aa for the Church, A'm tell'n the richt wey o'd.

That passionale, indeed, is their affair
of the hairt wi the Halie Hous of Gode,
they enter even firtae mak luve thair.

No. 535 *Le donne de qui*
Roma, 2 dicembre 1832

Shair, He's Guilty ...

Ye've heard about thon puir wee lamb, our Fred,
a seelie man that wadnae hurt a flea:
he'd caa in, whiles, jist frienly-like, to see
the wheelwricht, sae they've nabbed him as a Red.

And aa becaise of thon bluid-soukan ked,
yon kinna spy, that had aye got his ee
on him. I'll name him: it wes Jock McPhee
miscaa'd him, ay, that micht as weill be said.

I've grovelt in the stuir, thon kinna style,
afore the Polis Superintendent,
to tell him wha's made war on me this while.

Whit did he say? 'That's naething, it's weill-meant:
thir's plenty time, yir son's aa richt in jyle,
nae fash, they'll lowse him whan he's innocent.'

No. 540 *Certe condanne ...*
3 dicembre 1832

The Rosary at Hame

Avemmaria ... git crackin ... *grazia prena* ...
Lena, will ye git oan wi'd? ... *ddominu steco* ...
uf! ... *bbenedetta tu mujjeri* ... Lena! ...
e bbenedetto ... Answer me? Jist an echo? ...

frutto sventr'e ttu Jeso. San ... In the name a! ...
ta Maria madre Dei ... I'll wring yer neck ... *o-*
ra pre nobbi ... an aipple? Naw, I haena,
wait till yer supper. Lord! whit's thon thing? ... *pecca-*

tori ... whaur's aa thon mending frae? I ken-na.
Come on: whaur had I got tae? ... Oh, I mind:
nunche tinora morti nostri ammene.

Grolia padre ... And nou? bitch! whit d'ye say?
The rosary is owre: I ken that fine;
we'll hae to feenish it anither day.

No. 567 *Er rosario in famija*
Roma, 7 dicembre 1832

A Rare Fish

Mang mullets, sturgeons, soles, fit for a dish
like thaim that keep the Papal gab sae keen,
mang haddies, cod and ither caller fish
of whilk the sea is full, as it's aye been,

ae fish has tits as big as ye may wish,
a wumman's face, the tail of a baleen,
and sings a man to sleep wi douce whish-whish;
and this rare fish is namit the *sireen*.

The barber, wha is ane weill-leirit wicht,
tells us the Varsity doctors hae said
that the sireen aye pleys her tunes at nicht.

Syne, whit the bejan sings til his fair maid
wi his three gee-tar chords, jist out of sicht,
is generally caa'd the *serenade*.

No. 575 *Un pesce raro*
Roma, 8 dicembre 1832

The Graveyaird of Daith

Frae the Madon-dell'-Orto, to present
the lame officiar of Daith's Britherheid
wi my respecks in his graveyaird, I went
to keep the rites in his appyntit steid.

I saw some skeletons, and I tuik tent
of ane great thing: baith whan a man is deid,
as weill as whan alive, it's evident
man has a skull, a daith's heid in his heid.

Whit's mair, weill-faur'd or ill, I hae fand out
that, monsignors, prencis or ruffians,
we aa hae this heid I'm gaun on about.

Syne in the warld, guid or bad, believe it,
wud anes, the donnert anes and buik-lear'd anes
hae aa been deid afore they ever levit.

No. 583 *Er cimiterio de la morte*
Roma, 10 dicembre 1832

Jyle

I cam oot of the jyle the very day
they croun'd Paip Leo: but here's guid advice,
a better kinna life nor jyle, I'd say,
is maybe fand naewhair bit Paradise.

Inside ye can hae breid, wine, meat and rice,
the innkeeper will treat ye quite O.K.:
aathing in your wee room is very nice,
nae rent nor sairvant's wages firtae pay.

Inside it niver rains, nor snaws, thon's truth,
there is nae curate nor officiar
to tak the breid richt oot of yer mooth.

Inside ye dae nae wark, ye leeve in style,
respeckit, daein as ye like: whit's mair,
ye niver rin the risk of gaun to jyle.

No. 658 *Le carcere*
Roma, 24 dicembre 1832

A Stecht Painch Duisnae Trow a Tuim Ane

I ken the warld is ane fashious hole,
a steid of waymenting and penitence;
but to thole foriver ane ayebydan dule
wad owerharle even an Eminence.

Easy to speak; I prig your patience,
wha deave me like the clappers of a mull,
threipan at fowk: 'Thole. Traist in Providence.'
Say, whan your turn comes, hou sall yeze thole?

Thae duds I chitter in, try them on *yeze*:
yeze hirple, dowie, in the glawr, in pain:
thae bauchles garr my feet lauch, while I freeze:

yeze leeve ilk day upon ae groat, or nane;
and syne refleck on me whilk wey ye please,
haud on, in cauld bluid, and let me alane.

No. 675 *Panza piena nun crede ar diggiuno*
Roma, 27 dicembre 1832

The Wee Thief's Mither

Eh, whit's he nickit oniewey?! a heap
of junk, fowre umberellies, a watch or twa,
hankies. Whit a cufuffle, eftir aa,
as if he'd killt the Monarch of the Deep.

Puir sowl, he's tawrrie-fingert; can ye caa
the thieves brithers nae mair, nor staund their keep?!
Gin Walter is a wolf, whaur are the sheep?
There's nane bit Gode hes naethin wrang ava.

Plenty fowk, Excellency, that git on fine,
steal hunners mair nor him, and niver falter,
and they win reverence, and dine, and wine.

I've aye gien this advice til him: Son Walter,
lift hauf a million; fir the churches, syne,
ye'll be a sanct, wi lilies on yer altar.

No. 740 *La madre der borzaroletto*
Roma, 14 gennaio 1833

The Life of Man

Nine month in the stink, syne rowed-up, dosed wi dill,
mang kisses, milk, greitan and curly locks,
harnessed, happit in babby-clouts and frocks,
in a bairn-fank pentit wi Jack and Jill.

And syne stairts aa the torment of the schuil,
the A.B.C and chulblains, pawmies, knocks,
the cackie doun the hole, a puckle poax,
rush-fever, measles or some ither ill.

Syne lairnin hou to fast and mak a levin,
the rent, the government, the presoun cell,
hospital, dyvourie, mockage and grieving,

the simmer suin, the winter snaw and hail ...
And at the feenish o't, Gode bliss us, even
eftir aa thon, comes daith and, lastly, hell.

No. 774 *La vita dell'omo*
18 gennaio 1833

Confabs

Confab's like eating cherries, ae thing leads
to twa, the hale plate follows gin ye tak
jist ane. Ye crack of something and it breeds
anither, as a fact recaas a fact.

The Ransom Freirs mind's of the Houssis Act,
thon garrs us crack of whit a faimly needs,
thon minds us of the mous: the thievish cat:
the Region's Government, the mair it spreids.

Frae thon bad Government, grinds us that smaa,
first to the cuddy, neist the Cardinal
wi his reid brolly, yaised fir bield and shaw.

Frae reid til white, and the wee baker-chiel,
tellt us the White Paip is a miller, wha
ettles to lead the water til's ain wheel.

No. 780 *Li discorzi*
Roma, 18 gennaio 1833

Sanct Christopher II

Sanct Christopher's a muckle sanct and strang,
faur bigger nor a Glesca stevedore,
wha, owre some river, barefuit, on his lang
shanks, yuistae cairry folk frae shore to shore.

Maybe thon river he wad aye owregang
wes a smaa burn, or dub left frae a shouer;
that's aa I ken about it, richt or wrang;
I tell ye jist whit I wes tellt afore.

Yae day he cairried a wee boy. Nae suiner
did he wyde in, but he wes near owreharl'd;
muckle Sanct Christopher begood to founer.

'By Christ! whit kinna trick is this?' he snarled.
'Son, ye're an aafie wecht, a richt wee wunner!
whit's this I hae upon my back; the Warld?'

No. 799 *San Cristofeno II*
21 gennaio 1833

The Phisolopher Café-Proprietor

Men in this warld, whan aa's said and duin,
are juist like coffee beans in a machine:
first yin, anither, and ae mair, they rin
 til the same destiny, that's easy seen.

They keep aye cheengin places, a big yin
shouthers its wey afore a smaller bean;
they croud the entrance, fechtan their wey in,
syne the mill grinds them doun and throu the screen.

Sae in this warld ilka man maun boun
intill fate's neive, thair to be passed and passed
frae haun til haun and birlit roun and roun;

and aa thae folk, aye muvan slaw or fast,
maun gang, unkennan, til the boddum doun,
and faa intill daith's thrapple at the last.

No. 805 *Er caffettiere fisolofo*
22 gennaio 1833

The Relicschaw

Amang thae relics thir's some ither trock:
the Column, watter frae the Flood's on-ding,
milk milkit frae Our Leddy, in a thing
like a gless button, keepit fresh in stock.

Syne thir's the Paschal Lamb, King Dauvit's sling,
the kiss of Judas and St Peter's cock,
and thir's the lint-white wig, set on its block,
keepit aside the rod of Hevin's King.

Thir's twa yairds of the eclipse at Calvary,
and, juist to keep things gaein, suppose they swelt,
a puckle life picked frae eternity.

And thir's Gode's caunnle-end, that didnae melt
whan he lit up the sun and said, 'Nou gie
the bosses licht, and thaim that dae's they're tell't.'

No. 811 *La mostra de l'erliquie*
22 gennaio 1833

The Deid of Rome

Amang the monie fowk that gae and snuff
it, the deid that's come of middling kin
gae til thon hole, singing ane coronach,
that has to gowp them, in the eftirnuin.

A conter, thaim that's classifee'd weill-aff,
pan loaf, maist ceevilised, undoutit sin
of a bitch, wrocht of mair swanky stuff,
they jink the suin, and gae by the licht of the muin.

Ane ither kinna corp, the third estait,
wantan baith kist and caunnle, lane and lorn,
deid fowk of different stature, gang their gait

to the big common yirdin, thaim that's born
of small account, the likes of hiz-yins, Kate,
aa hiddlit, mixtermaxty, in the morn.

No. 815 *Li morti di Roma*
Roma, 23 gennaio 1833

The Resurrection of the Flesh

Pasht, pitten-out, the warld and the sun:
aa craturs that the yird has ever gat
sall gae their weys to Glen Jehosophat,
whaur aa that awnter there can mainage in.

Son, faither, guid-syr, gret graundpaw: atween
aa thae, the snottard bodach, soukan brat,
wyce men, and them that ken-na what they're at,
nane sall come first or second of their kin.

Naukit, the hale jing-bang o's, we sall be
reborn, like Adam and Eve, wantan a plaid,
aa aged, by the wey o't, thretty-three.

Wha dee'd in eld, at thon bien age abad;
babbies grew up, tho dockt while they were wee;
sae aabody, ye ken, has what he had.

No. 827   *La risurrezzione de la carne*
25 gennaio 1833

Hell

Dearly beluvit Christian brethren, hell
is a hotel wi neither beds nor food,
biggit fir aye by ever-luvan Gode
to stech, throu time, jist as it suits he's sel.

The sancts that awntert thair in dreams wad tell,
tho it wes full of fire, they niver cuid
see onie blink of licht, and thair they stuid,
fair nithert by the cauld, it wes that snell.

Yon doolie howff has got on its front door
a sign, in letters of the biggest size,
says, outside, *aye* and inside, *nivermair.*

Gentil Jesus, kirsent and circumcised,
please wad ye ludge the Turks and Jews doun thair,
and gie hous-room til hiz in Paradise.

No. 837   *L'inferno*
29 gennaio 1833

The Vou

Hear this. At Sanct Peter and Marcellin'
there's some auld nuns, a wheen gey ill-faur'd buggs,
had taen a vou, sae's to keep cleir of sin,
to stech their meat, wi fingers, richt in their mugs.

I speir ye nou, hou can knife, fork and spuin
offend Our Lord, nae mair nor wallie jugs!
Gin they had gane a wee-bit ferder in
this daftness, they'd hae slaikt their plates like dugs!

But Pious Echt, Gode rest him, on his visit,
saw their peeg-cruive, the morn whan he came
and said, 'Mither, whit duis this mean? Whit is it?

D'ye like this midden? Dae ye feel at hame?
To hell wi yer daft vou! Gode can be preisit
wi knife and fork and spuin, it's aa the same.'

No. 854 *Er voto*
Roma, 2 febbraio 1833

Noah's Ark

Elephants, wolves, Scotch terriers and chows,
chihuahuas, cuddies, wallabies and bears,
stallions, cats, choukies, birds, hogs, moussies, hares,
foxes, flees, grumphies, lions, cous and yowes.

Melon-rinds, birdseed, vermicelli, maize,
braxy, hail ricks of hey, bran, clover, banes,
bere-water drinks for horses, minced ox-hairts,
kebbucks and crowdie – that's twa kinds of cheese.

Aa thae – and there wes faur mair whaur they cam frae
that I missed out – gaed intil Noah's Ark.
Bieldit by Gode, aa roun the warld to Wamphray

and back, ae year and mair, soumit their bark!
But hou did he get on wi thon clanjamphrie?
Best speir, my friens, at the guid Patriarch.

No. 861 *L'Arca de Novè*
4 febbraio 1833

The New Quack

Rome's new young dentist has a skeelie knack,
he's frae Vienna University,
a cliver doctor, a weill-leirit quack,
ye'd fit him in a tome quite easily.

To pu yer tap and bottom teeth, he'll tak
jist hauf a lira ilkane equally,
and fir the elevent ye git yer money back:
he duisnae chairge fir it, whit honesty!

He sells a cure, ae lira, fir the dule,
a watter effincautious firtae stap
the stound in thaim exposed to the kick of a mule.

Dip a bit clout in it to mak a wick
and rub it on the place, or souk a drap,
aboot ae meenit afore ye git the kick.

No. 879 *Er ciarlatano novo*
Roma, 10 febbraio 1833

The Sooth

Speaking the Sooth is like haein the scoot,
whan ye hae muckle adae and the caa has come,
it's nae yuis, dochter, ettlin to steik yer bum
and thraw and birl, no to let it oot.

And, jist the same, suppose ye'll no keep mum,
the Halie Sooth sall dreip oot frae the gut,
ye cuidnae bung it up, tho ye wir mute
as onie Trappist Order freir, dumb.

Whan things are cleirlie whit they are, the sooth,
leein or being silent is a crime.
Naw: we maun speak, nae keeping a calm souch.

Men bigg their voices roun wi stane-and-lime,
tho Gode wants them to hae a speaking mooth.
Naw: truth for iver; duty aa the time.

No. 886 *La Verità*
Roma, 11 febbraio 1833

The Fletherer

She's niver bait at fletherie, ye ken,
she wadnae lichtlie ye ablow her hat.
Her tongue's like wool, pu ae straund, ye hae gat
a dizzen straunds and mair, insteid of ane.

She slauchs oot oniething that comes frae ben
her teeth; ye're like a speldrin, or ye're fat,
ye're naebody, ye dae-ken whit ye're at,
she'll broozle ye wi thochts of yer rich kin.

Like to hear mair, syne, whit she said yestreen,
thon fuil, at Cecile's hous? I'll tell ye, Lyn,
fleechin and flethrin, like ye wir a queen.

Maistrss Flynn wes thair. 'Aw, Maistress Flynn,'
she says, 'yer dochter has sic bonnie een!'
Weill, whit d'ye think of this? Her dochter's blinn.

No. 897 *La comprimentosa*
Roma, 15 febbraio 1833

The Sowl

Oh heids, plainly heid-mairkt for a heid-stall!
That muckle talk jist to say hou men die!
Some fever and some stound sall visit ye,
same raxin of the legs, guid nicht, that's aa.

Syne aabody's an M.B., Ch.B.,
spits ex cathedra, pleys Auld Moore. They caa
the tron to weigh the air; ferlies in aa
mainner of forms arise that ye can see.

Whit wey can we no glisk a deid man's glowre?
Becaise the sowl, windflaucht like paper-ash,
leaves til the heir nae place whaur he may lowre.

And while the corp, forhowit nou, and gash,
is dowff and dumb and thowless, and faas owre,
sowl walks her lane, duis aathing, speaks – nae fash!

No. 950 *L'anima*
11 maggio 1833

The Apostles' Vaige

Eftir Our Lord dee'd a guid Christian, aa
the apostles left walkt oot, ilk wi a sack
marked 'Wanted on the vaige' on his back,
to preach to the haill yird, *cromak in mano.*

Ane gaed til Storta, and ane mair til Baccano,
ane til Negri, ane on anither tack
til Monterosi; whan they'd got the knack
they saw the haill of the warld, a fack, I know.

Aa the yird's kintras, ye may weill imagine,
spak their ain leids: there wes, fir instance, Spain,
syne there wir fowk, spak nocht bit French or German,

and a gret feck of them spak Rooshiane.
The apostles had ae leid, yet wha wad hearken
cuid unnerstaund them, tined nae word, no ane.

No. 974 *Er viaggio de l' apostoli*
28 maggio 1833

The Dug

My dug? If he wes killed, ye'll unnerstaun,
I'd murn as sair as gin they'd killed my brither.
Thon dug, ken this, there isnae sic anither,
ye'll niver finnd his marra in the laun.

Ye suid jist see him eating breid, and gaun,
the dear wee thing, to seek things fir me, whither
to fesh my hat, or sneeshin-mull, whitiver,
and he duis things like we wad dae by haun.

Whan I win hame he wringles like an eel,
syne in the morn, ye suid see him stalk
to greet me, and he taks ma bairns to schuil.

He'll gae the messages, save me a walk
doun til the baker's and the pub ... I feel
that the wan thing he cannae dae is talk.

No. 985 *Er cane*
18 ottobre 1833

The Passport

The ither day, I set out, being weary
to see ma faither, brither and gud-brither,
in jyle becaise they stole something or ither,
aa keepin weill, bethankit Gode! and cheery.

At Monteron' yin o thae cherubineery
says, 'Gie's yer cairtes,' and I says, 'Weill, I niver!
whit cairtes?' I says; ye see, I didnae swither,
but raised ma bunnet, like to say, 'I hear ye.'

Sen Christ and Mary werenae thair to save,
it's back to Rome I had to gae, and bide
three nichts in Polis cells amang the lave.

But Gode made aa the warld aipen wide.
Sae whitna frenzy is it garrs us rave
of cairtes, nou aa Creation is inside?

No. 998   *Er passaporto*
28 ottobre 1833

The Sairvant that Tined (her) Job

Wheesht wi yer blethers, lassie, dinnae haver,
stap yatterin, naw naw, ye neednae smile.
A sairvant-lass in Rome here, that faas ill,
gin she needs help, cooncil is aa they give her.

Whan I wes ding'd doun suddenlike wi fever,
strechtwey my maistress doom't me til exile,
talking to me frae hyne-awa, a mile,
snoukin some kinna medicatit sniffer.

Fowre months of tertian fever, near awa wi'd,
I focht daith fir my life, withoot a stitch
of daicent claes, nir penny fir some breid.

Whan I'd got owre my seikness, and gaed back
to git my apron on again, thon bitch
that tuik my place stayed on: I got the sack.

No. 1004   *Er zervitore licenziato*
30 ottobre 1833

Advice

Forleit thae vanities, let thaim aa gae.
This warld's things deval: forleit them, dearie.
Suin as we win til the proficiscere,
fareweill orfeverie and gems, fareweill aa thae.

Hou lang, div ye jalouse, ye'll can display
thae glaizie, skinklan, glairie-flarie, peerie
stanes? Twinty-thirty year, youth gane, ye weary,
and yeze, puir Rose, whit are ye gaunnae dae?

Time scairts ye, dochter, sairer nor a risp,
nirlin awa, it connachs quaetly.
Frae day til day ye'll alter by a wisp.

Dinnae bring hership on yer faimily:
tak tent yer honour's niver set at risk.
My dochter, lowse yersel frae vanity.

No. 1005 *La monizzione*
31 ottobre 1833

The Theologian

Priests will aye threip: 'The Fiend sall git his graip
in ye, fir sayin, 'May the Deevil flee
awa wi yeze!' to some chiel.' It's a lee
wes fenyeit by some sacerdotal ape.

Will it dae onie guid to say til ye:
'May ye become a sanct, may ye be Paip?'
Puir doolie fowk are in nae better shape,
aathing's the same, sae faur as I can see.

Men sallna dee, but gif it be Gode's will.
Oor lives are hauden in the hauns of Jesus.
Forbye, ye hear it said of rich men still,

for we, anaa, can threip, if it suid please us:
'May they be hingit,' like oor words cuid kill.
But whaur's oor Cyrus that can hing oor Croesus?

No. 1006 *Er teolico*
31 ottobre 1833

The Corp they Fand Again

Christ! whit a cairrie-on, the haill jing-bang!
Whit daftlike times! whit neist? niver can tell.
Fowre banes wi neither flesh nor skin nor smell,
whit fir suid fowk git intae sic a fang?

And ivrybody's singing the same sang:
It's thaim: naw: it's he's sel: it's no he's sel:
it's Raphael: it isnae Raphael ...
and aa the day, the Pantheon is thrang.

A wechtie maitter! ye wad think we'd hae
in Rome mair banes nor we cuid iver crave,
wi twinty-thirty graveyairds onieway.

Howk, and ye'll find a skeleton wi the lave
of things amang the mools. Nae mair adae:
quick nou, and fling it back intill the grave.

No. 1011 *Er corpo aritrovato*
1 novembre 1833

The Paip's Life

Me Paip?! Paip me?! a richt coamic affair
thon ploy wad turn oot, better to be a snab!
I want to dae as I like, niver let dab
whit fowk tell me to dae, that's aa I care.

Refuise a man the gust of his bird, and nab
him doun by the hurdies in a big airmchair,
send him in procession to tak the air,
set guairds by his door, youky to hae a stab.

Stap him gaun intae the pub or haen a flutter,
garr him exist aye in a state of dreid,
feart of the cook, the barber and the doctor.

A temptsome life this? Naw, it's full of trauchles.
As faur as I'm consairnt, afore I'm deid,
I'd raither jist eat breid and cobble bauchles.

No. 1022 *La vita der Papa*
16 novembre 1833

The Sleepwalker

I that am auld, dochter, and can aye see
things that concern me, as ane auld sheep,
I dinnae clash of mystery, nor threip,
nor ken, nor care: they'll no dumfouner me.

This kinna seikness, whan it comes to ye,
can garr ye talk and niver brek yer sleep:
there are a guid wheen sleeping fowk, can keep
thrang wi affairs, walk miles, brisk as a bee.

Nae inconcrudity: it maks guid sense
if this lass tuik the ill whan she wes weary
talking and answering wi perfect mense.

I sairv'd a cardinal fir years, my deary,
wha, ilka week, giean an audience,
replied while he wes dozin like a peerie.

No. 1023 *La sonnampola*
17 novembre 1833

The Puir Thief

That's no owre difficult a job, Monseigneur,
to sit thair and pass sentence on the folk
and say: *This yin is honest, thon's a crook.*
To read the hairt wad be a greater wunner.

D'ye ken hou monie reivers hae mair honour
nor some that leastweys arenae brocht to buik?
A robber that repents has yon queer luik
about him, hauf an angel, hauf a sinner.

I am a thief, I ken, and I think shame
but still ye hae a duty to find out
if hunger or my badness is to blame.

Ye suid jalouse whit a puir man maun thole,
and no jist sit up thair, sae stecht and stout,
sentencing needy folk because they stole.

No. 1026 *Er povero ladro*
21 novembre 1833

The Nuns

Dinnae ye blether of vocatioun
and vous in perpetuity sincere!
Oor Lord wad hae to seem like a buffoon,
revoking noo whit he had said last year.

Whan the Paip garr'd the monasteries here
aipen, were steikit by Napoleon,
hou monie nuns gaed back inside, my dear?
Fowre willing cailleachs, a gey wee platoon!

And aa the lave that had puit on the 'skin'
some years afore, the Paip fair had to thring
back til the convent yett, and dunch them in.

Why sae? To garr a wumman that's owre ying
tak sic an aith at her age is a sin:
she cannae unnerstaun a bluidie thing.

No. 1064 *Le moniche*
18 gennaio 1834

Siller's Miracles

He that has siller is ane bonnie doctor,
altho he cannae read nor screive at aa:
but he may bock and fart and hoast and haw,
and naebody will hear him dird and dunner.

He manna gie a damn anent the law,
the warld's braith or guidliheid or honour:
even suppose that he's a drog-concocter,
Government bields him, cannae finnd ae flaw.

Suppose he bairns a lass, he'll aye git pairdon,
fir, later on, the Paip will sain baith belly
and bairn at his audience in the gairden.

Impidence, gab: aa richt, niver tak heed
whan they are backt by siller, I can tell ye.
Here's tae the rich man, may he aye come speed!

No. 1076 *Li miracoli de li quadrini*
11 marzo 1834

The Genuflexiouns

Ye think it's richt? Like hell it is, anaa!
Whit fir, the Paip, three genuflexiouns?
The Sacrament, nae imperfectiouns,
on the altar, his boss, gits ane or twa.

D'ye ken, the Paip somehou has unco braw
luck that I'm jist ane of the warld's buffoons,
fir, were I corporal of thae sectiouns,
he, of the three, wadnae git nane ava.

'It's fir the image, no fir me,' says he.
Ah, syne, compared til him, the ither fowk
are kitchie-louns and kitchie-quines, ye see.

This daft excuse he gies us is nae guid,
he maybe kens-na we can tell the gowk
a Paip is made like us, of flesh and bluid.

No. 1083 *Er ginocchiatterra*
14 marzo 1834

The Traivlan Bishops

Hae ye obsairv'd, at the fore-end of May
whan signs of cantie Spring come on apace,
swallows are eydent to be vaigan, gey
fain to speed better in some ither place?

Likewise, suin as the Paip has had the face
to heist Rome's placemen, caain aa agley
bishops left-owre in neuks, stairvan fir grace,
we glisk thaim here and thair, boun on their wey.

Aa thae, wi girnie faces, aince inside
the Palace, try their luck, ettlan to pree
gin they can scairt up something on the side.

At Coort, or lang, houiver, they will see
that the Church they had taen to be their bride
wants them in bed wi her richt till they dee.

No. 1090 *Li vescovi viaggiatori*
14 marzo 1834

The Guidwife

Aa richt, it's fir the best: aff ye gae, Pete:
dae as ye like, and as the Lord sall tell.
I'll gie ye coonsel, even, tak wee Nell,
she's at an age to saften the hairt, puir sweet.

Leave it til Gode: the Lord sall be oor stell:
gae, fling yersel at the collector's feet.
Fleetch at him, my dear guidman, grane and greit,
but keep haud of yer temper: mind yersel.

If ye're flung oot, fir yince mak nae mistake.
Keep a calm souch, jist mind yer wife and wean:
puit up wi'd fir oor Virgin Mary's sake.

Aa richt wi ye syne, is it, Pete, my dear?
The Lord gae wi ye. A kiss, Nelly, my ain.
Guid-bye, guid-bye: mind yer feet on the stair.

No. 1107 *La bona moje*
17 marzo 1834

The Paper Door

A wes at ma wee bench, the tither nicht,
shooin a bauchle, till a gey late hour,
whan ... boom! A hear'd a stishy at the door,
syne: 'Here's a caunnle. Can we hae a licht?'

I gied a loup, ken whit? A got a sicht
of some wee blastit keelie smor'd wi flour,
a bit of kennlin in his haund, that tore
the paper panel out wi aa his micht.

A git up, grab a last, gae out, aa ready,
see something white, clout it, hard as A can;
doun comes ma last, smack on the heid of a leddy.

She scraichs: I rin awa; bit her guidman
comes rinnin, Christ!, leathers me till A'm bluidy,
and nou A'm sair in the back, and pale, and wan.

No. 1134 *L'invetriata de carta*
23 marzo 1834

Guid Luck

Jist comin out the kirk, I luikit doun
to watch whaur I wes steppin, catcht a glint
of something shiny on the doorstep, bent
to see it. Ken whit? It wes a hauf-croun.

I, richt eneuch, am no sae daft a loun
as let it ligg thair, jings, no! Thon's weill kent.
Bit, as I picked it aff the step, this gent
wusst me, 'Guid luck, guid nicht', as he gaed in.

Guid luck, guid nicht, says I to masel: no bad.
Ye hae the luck, try and improve on that
by sleeping on thae steps, ma bonnie lad.

Oh push yer luck, nou that it's come sae pat.
Thon wes the bonnie fortune that I had,
and woke to finn masel minus ma hat.

No. 1181 *Le furtune*
9 aprile 1834

The Astrologer

Jist walk doun onie street ye like to try,
whaur there's a hole in the grund, ye'll see gey few
of aa the fowk that happen to gae by
that dinnae hae a keek doun at the view.

Is tap-soil different frae soil doun-bye?
Whit are they curious to see, that's new?
Whit can it be, they're aa sae keen to spy?
That they may find Beelzebub's burroo?

Whit's waur, I cannae mak out why they stare
doun in this hole in the grund, wi blearit ee,
whaur there is nut wan bluidy thing doun thair.

That maks the warld dafter, aa the same,
nor I am, seeing frae my balcony
sterns in the luift, and whit there is in thaim.

No. 1194 *Lo stroligo*
11 aprile 1834

Wha Asks Fir It, Gets It

Adam, eleckit boss of aa the beasts,
suddenly thocht himsel a maister race,
owre heich to ken his neibors face to face
 as tho they had nae feelings in their breists.

Til him they were jist fuils, dugs fir the chase,
horses to saiddle; aathing that exists
wes fir his pleisor, paigeantry and feasts,
pipe-bands, processions, wedding-gouns wi lace.

The animals, tormentit rewthlessly
on ilka side, made virtue, as we say,
puir beasties, out of mere necessity.

But no the Serpent, that cuid plainly see
aa this: 'Big-heidit cuif! Ye'll ken some day,'
he tellt his gaffer, 'whit I'll dae to ye.'

No. 1204 *Chi la tira, la strappa*
16 aprile 1834

Deid

Dae ye no ken wha passed awa yestreen?
My cuddy, Repiscitto, met his fate;
puir beastie, that wes aye sae douce and quate
his back micht hae been ridden by a queen.

I'd hardly cam out frae the miller's yett
wi sacks o flour, hou monie? – juist a wheen
hunnerwechts or sae, he'd faaen doun thirteen
times as it wes; he tummilt ere and late.

I'd juist tellt him: 'Stop that, and earn yir feed';
but thon curst bruitt, he'd faa doun as he pleased,
sae I gied him a daud on the side of the heid.

Whit happent eftir that, he kinna sneezed,
raxt out his bits of legs, and syne he dee'd.
Wae's me! I'm truly sorry, puir wee beast.

No. 1217 *Se more*
20 aprile 1834

The Keach out of the Creel

Whit's up? Ae! whit a rammy! Whit's adae?
See aa thae fowk in Consolation Street!
Some polis catcht a mugger on his beat?
Somebody got duin-in? Whit dae ye say?

Mebby a fire – there's nae sign of heat.
I cannae see nae reik. Some daftie, ae?
They're luikin at the ruif. Cannae be nae
daftie up thair. Whit *is* the maitter wi't?

Aa turnin to the richt nou – whit a shindy!
pyntin up wi their haunds. Oh! cuid it be
some eedjit ettlin to lowp out the windae?

They're lauchin! Christ! thon donsies, damn them aa!
See whit it is? Aa thon activity
is a canary that has flew'd awa.

No. 1236 *Er tumurto*
24 aprile 1834

The Kirsnin of a Son

Whit fir is aa this poalishin of gear,
whit fir this suit of claes and braw new hat?
This invitation, whit ye gittin at,
wi sweetie-almonds, wine and ice-cream, here?

Sae bang gaes aa ye've hained this twinty year,
hou can ye be sae donnart, fancy that,
because yir wife's delivered of a brat,
a sairvant to the Paip or to some friar?!

Whit fir this cairriage, aa thae bigsy brags?
Wi kirsnin, ye git a bang frae fate;
first ye are born, and syne ye're picking rags!

Puir sumphs! Can ye no git it in yir heid,
the register of kirsnins in this State
micht jist as weill be cried the *buik of the deid*?

No. 1266 *Er battesimo der fijo maschio*
22 maggio 1834

The Guid Sodgers

Suin as ae sovran of the yird has taen
the gee at onie ither yin of thae
rulers, he tells his fowk: 'Thon yin's yir fae;
awa and connach him wi micht and main'.

And aa the fowk, constrainit under pain
of jyle, and ither mercies, I daursay,
tak up thair rifles, and are on their wey
like parcels sent til England or to Spain.

Whan thae sheep staucher back intill their fanks,
the whigmaleeries of the castle-haa
hae left them hauf a heid and gammie shanks.

They pley wi lives of men at the fitbaa,
as if thon hüre, daith, aye on their flanks,
wad niver come, binna she heard them caa.

No. 1268 *Li sordati bboni*
23 maggio 1834

The Curse

Our Monseigneur, his missal in his neive,
wi fowre screichs and twa shaks of halie-water,
has gane to curse the reivan Clan Gresshopper
out of the corn, forbidding them to thieve.

To caa this ban, that winnae gie them leave
tae eat, nae Christian act, wad be improper,
and yet it seems to me owre big a whopper
fir even ma smaa judgment to believe.

The gresshopper, cockroach and caiterpillar
are aa Gode's bairns, ay, an sae are we,
binna, tho we're no big, they're even smaller.

Hou is it, think ye, that Monseigneur Crucifer
may curse them, and syne preach to you and me
that it is sinfu, even to curse Lucifer?

No. 1272 *Le maledizzione.*
29 maggio 1834

Beauty

Beauty – whit a braw gift frae Gode! It's clear
that in the mercat it's worth mair nor money,
sen fowth of gear sall never get ye onie,
altho wi beauty ye can aye buy gear.

A kirk, a cou, a lassockie, it's funny,
if they're ill-faur'd, ye luik awa and sneer:
Gode, wi his infinite guid-sense, tuik care
the mither that he walit wad be bonnie.

Beauty unsteiks the yett of the recluse:
aabody daffs wi it; as for its sins,
aabody sees thaim eftir the excuse.

My frien, jist let us hae a luik at kitlins.
The bonnie yins are raisit: ill-faur'd yins,
the puir ill-faur'd yins aa gae on the middens.

No. 1338 *La bellezza*
20 ottobre 1834

Greed

Whan I see aa the fowk that bide intill
this warld, growin fouthie and mair rank
and aye mair yaup fir gear, wad fill a stank
like Ocean, wi nae boddom, nivver fuill,

I say: blin hird, stowe siller in the bank,
pu wires, fash throu the day, loss sleep, faa ill.
Maister Auld-faither, syne, snooves owre yer sill
wi's muckle heuk, and whangs clein throu yer hank.

Daith dernis in the nock, and nane can say:
the morn's morn I sall hear aince mair
the straik of sevin, as I hear'd the day.

Thus the puir pilgrim, whan he maun awa
to boun fir twa hours' traivel, will tak care
to fesh a wee-bit breid, eneuch, that's aa.

No. 1339 *La golaccia*
27 ottobre 1834

The Customs Post

As we were comin hame the ither nicht
it chanced ma kimmer, Maistress MacIlwhannie,
gied me a bluidie-puddin, and our Nannie
stecht it ablow her kirtle, out of sicht.

We gaed our weys; she held the puddin ticht
and toddlit throu the West Port, nice and canny.
By chance, or mibbe clypin, this wee mannie
nabbit us baith as we cam near the licht.

He sees the bumphie, thrings his airm up
and mainages to tig her whaur ye ken,
lett'n-on he has the puddin in his grup.

I lossit aathing in thon bad affair,
but tellt ma dochter no to argie, then
tuik her awa wi naething to declare.

No. 1363 *La gabella de cunzumo*
1 dicembre 1834

The Beasties of the Yirdlie Paradise

The beasties of thon place, or Adam's reign,
levit as weill as lairds, I hae nae dout,
mainaged their ain affairs, and gaed about
lowse as they likit, nor behaudit nane.

Nae grooms, nae toffs invitit to the shoot,
nae killin-hous, nae skelps, nae need to hain;
sae faur as talking wes concerned, ilkane
blethert awa like doctors in dispute.

But eftir Adam cam to be their chief,
in cam the gun, the pole-aix and the whup,
dauds on the heid, and ilka cause for grief.

And syne, for the first time, yon man of micht
reiv'd frae the beasts their word, garr'd them shut up,
sae he allane cuid speak, and aye be richt.

No. 1394 *Le bestie der Paradiso terrestre*
19 dicembre 1834

The Blacksmith

To keep my wife, twa sisters and fowre weans,
I'm ilka morn, by starlicht, in the smiddy;
till starlicht sees the last dunt on my stiddy,
aa day I rick my back and risk my banes.

Whit, think ye, hae I gaithert fir my pains,
and whan I cannae staund, sae stoun'd and giddy,
whit has it brocht me in the shape of ready
cash? Jist thirty groats to stech their wames.

I'll stop thair, Mr Vincent, fir ma pairt:
to think about this comedy affair
that *some hae aa, some nocht*, garrs me loss hairt.

Aweill, ye sweit bluid till ye're on yer knees;
meanwhile some Ruler, sitting on a chair,
gies ae scrape of the pen, and it's aa he's.

No. 1406 *El ferraro*
26 dicembre 1834

The Thunner Yestreen

It wes geynear the middle of the nicht
whan, of a suddainty (choh, whit a fricht!),
we hear't a blaister, syne the neist we kent
wes windaes crashing frae our tenement.

The lyft becam ane baxter's oune wi bricht
levin-straiks thrang as baps, an aafie sicht.
Fire cam in shouers frae the firmament,
like whan Lot skailt in the Auld Testament.

Watter, wund, thunner, kirk-bells and nae skug
to skulk in, frichtit hiz fair aathegither;
ye had to haud ae haund owre ilka lug.

It even terrifee'd our Halie Faither;
bit naething dee'd in Rome binna ae dug.
The richteous tholit fir his sinfu brither.

No. 1459 *Er temporale de jjeri*
24 gennaio 1835

Dick of the Rotunda Mairket

Whae? Youse? Whaur? Impidence, whit's this ye're at?
Ye hae the nerve to set yer stall up here.
Na, na, by Gode, ye'll no come aa that near,
no if the Paip gied ye his ain fiat.

Aff wi thae creels, awa, ye dirty rat.
Bangster! I'll sort ye. Tak me fir a leear?
I'll cairve yer creesh in collops. Dinnae fleer.
Och aye, nae boather, hae nae fear of that.

If ye're that daft ye'll gie anither brag,
I hae this ready fir ye. Dae ye see?
to whang thon braith of yours richt in yer crag.

Heh! aa youse, ye're ma witnesses, see hou
this thief-like messan has insultit me.
He's comin at me wi his nieves up nou.

No. 1472 *Ricciotto de la Ritonna*
1 febbraio 1835

The Maister's Seikness

He's seik, ma faith! puir man, in sic a creel
that nou he's even skellie in the ee,
and yon doctor, may Jesus garr him flee,
says it's jist in his heid that he's nae-weill.

He greits, raxes about and pechs, gets real
savage at naethin; whan he's taen the gee,
coffins and mools are aa that he can see,
meenisters, grave-howkers, and the Deil …

For ma pairt, I hae tellt the maistress plain:
'Ma Leddy, whit wad hinder us to try
some ither medicine that micht ease his pain?'

Nae guid. She winnae tell the reason why,
but sits aye shooing at her tambour-frame
the flooers of her shawl's embroidery.

No. 1478 *L'ammalatia der padrone*
4 febbraio 1835

Ritual Questions

Whan thae twa meet, mind whit I say, Maria.
Staund roun a corner, listen to their spiel.
'Eh-aeh, ma guid auld frien, Maister MacNeill.' –
'The same, yir hummil sairvant, Maister McKay.'

Says he: 'Some sneeshin?' – 'Thanks,' he says, 'I'll try
ae pinch. Hou're ye?' – 'Braw, and yirsel?' – 'Gey weill,
thank ye.' – And syne he says: 'Hou dae ye feel,
this weather?' – 'Garrs me cheenge ma sarks, och aye.'

Says he: 'And hou's yir health?' – 'Soun as a bell,
and yours?' – 'Thank Gode, I'm's weill as maist of men.'
'Yir fowk?' – 'Ground; yours?' – 'The same, faur's I can tell.'

'I'm glaid of that.' – 'And I, as ye may ken.' –
'Aweill Maister MacNeill, luik eftir yirsel.' –
'Maister McKay ... till we meet again.'

No. 1479 Le dimanne a testa per aria
6 febbraio 1835

The Heid-Yins of Rome

Better nor onie cuiks, thae fowk can frizzle
us offal, and convert us intill stew;
if we're atween twa fires, that's naething new
to hiz, sae baith our sides can hae a sizzle.

First comes the Paip to raise up thaim that reissle;
second, the Cardinals, and they're no few;
anither bunch of bigots neist, a queue
of Prelates wi their edicts, in a fissle.

And duis that mak an end of them? – nae fears;
nou come mair fiends to finish aff the job,
the heids of aa the orders of the friars.

And syne, to slay the Monarch of the Glen,
the Ambassadors, and, foremaist of the mob,
the bonny ladies and their ain guidmen.

No. 1513 Li padroni de Roma
14 aprile 1835

A Suggested Ceremony

Of paipal ploys there arena very monie:
the supper and fuit-weshing hardly staund
fir aa that shuid be duin at Gode's command:
it's time we had a braw new ceremony.

Let's pit in the Paip's neive some kinna wand
or cane, slap on his heid a croun of thorn,
whup him agin a post, treat him wi scorn,
try him and syne condemn him out of haund.

'But there's nae Calvary in Rome,' ye say.
If hills ye lack, our city can provide;
we'll hyst the cross up Monte-Mario wey.

And up there, ilka year, at Eastertide,
we'll nail Christ's Vicar on that halie day
forbye twa cardinals, ane on ilk side.

No. 1517 *Er giuveddí e venardí santo*
16 aprile 1835

The Church of S. Vincento and S. Anastasio at Trevi

Ye're wrang: it isnae in a chapel, hen,
it's really up on the heich altar, but.
That's whaur they keep the praecordia, when
ilka Supremo Pontefex gaes phut.

Ye're coddin? It's an honour, that they've got
the corp intill ae biggin, whan ye ken
they've stowed, inbye anither ane, the gut,
the lichts, the moniplees, hairt, liver, spleen.

Eftir a Paip is deid, streitcht and perfumit,
they pitt the halie emmlins in a vaise
and gie them, for safe-keeping, to the curate.

Syne, wi his guid wee freirs, he taks thae driblets
doun to a kinna cellar that they yaise:
it's really a museum full of giblets.

No. 1529 *San Vincenz' e Satanassio a Trevi*
22 aprile 1835

The Curse

To curse St Peter, and St Paul as weill,
wad be a coorser habit, I agree;
it's no very nice either, folk suid be
foriver at it, saying *damn the deil*.

I'm telling ye, whitiver you may feel
about aa this, the deevil, as I see
him, is Gode's craitur, jist like you or me,
tho we luik doun upon him as a heel.

It's fair ridicklous, if ye get my meaning,
to think the warld has aathing wrang wi hit
becaise of this puir christian of a demon.

Why curse him? Leave the deevil til he's sel
in peace; let him bide doun thair in the pit,
walteran in his halie stounds of hell.

No. 1585 *Le maledizzione*
22 agosto 1835

The Connoisseur of the Ponte S. Angiolo

The function's ready: see: thon jumping-jeck,
him wi his thrapple scuddie-bare and hingan,
band-leader, patient, core of the hale ingan,
the ace of trumphs, host of the hypothek.

And this professor here will not objeck
to sairve the fowk for farthings; there's nae thing in
surgery owre fashious for him, bringing
relief to thaim that suffer frae stiff neck.

He's on the richt-haund: no the left, nae fear.
Yon's the assistant, he's jist secont-cless.
It's Maister Titta that's heid-topper here.

You're telling me wha's here to nip the nape?
A'm regular at thae shows, aye in this place;
and ken the heidsman like a ken the Paip.

No. 1603 *Er dilettante de Ponte*
29 agosto 1835

Immoral Reflections in the Coliseum

Thae broken pends, whaur penters nou, in scores,
come wi hair-pinsels, neibor'd wi smaa trees,
to pent, amang the crosses and the flooers
and flichts of singing-birds and butterflees,

in the auld times of Roman emperors,
were a theátre, rising in degrees
aa roun, whaur folk ran to see gladiators
pash out their harns, connach ribs and thies.

Heich on thon terracing, they liked to hear
the gowlin of sae monie Christians
flingit til bruitts to stramp and claw and tear.

Sic killings in thae times, sic waymentings,
and nou, sic peace! Oh humanlike ongauns!
Whitna warld! Hou time walters things!

No. 1619 Rifressione immorale sur Culiseo
4 settembre 1835

The Mowdert Spinster

It's nae guid speiran at me, Maistress Cant,
to lat ye ken hou suin I'm gaun to mairry.
Ah'm no like Rosie, and Ah'm no like Sairey,
juist made fir luve, thit onie chiel wad want.

Bit as fir me, puir dirt, it's different.
No mairriet yet, some hope! I wait and weary
and blame my sterns; whit a weird I cairry:
Virgo, the stingiest in the firmament.

There wes some kinna clash about the cook;
nae chance wi him, ye cannae bank on thon:
he staunds mair firm nor the Castle Rock.

Aweill, bide till the Festival is on,
in case it brings some orra bit of trock:
leave it to Gode and St Pasqual' Baylon.

No. 1640 La zitella ammuffita
13 settembre 1835

The Guid-hertit Aunt

Listen, ma bonnie lass, I'm tellin ye,
nou yir faither and mither are baith deid,
it seems yir uncle's got it in his heid
I'll be yir sister, ye've to bide wi me.

Weill nou, if ye wad like us twa to gree,
let's jist caa cannie, sall we? There's nae need
fir me to be yir leddyship's sunshade,
nor to richt harns that hae gane ajee.

Sen it has been my lot to hae nae bairns,
raither nor hae me tent ye aa the time,
the Lord had better tak ye back tae's airms.

Bethankit Gode if I hae made things clear.
There is ae thing that matters, jist you mind
whitiver happens, Ah'm the heid-yin here.

No. 1662 *Er bon core de zia*
20 settembre 1835

The Puir Family

Wheesht nou, my darling bairnies, bide ye quaet:
yir faither's comin suin, jist bide a wee.
Oh Virgin of the greitin, please help me,
Virgin of waymenting, ye that can dae't.

My hairts, I wuss that ye cuid ken hou great
my luve is! Dinnae greit, or I sall dee.
He'll bring us something hame wi him, you'll see,
and we will get some breid, and ye will eat ...

Whit's that ye're sayin, Joe? jist a wee while,
my son, ye dinnae like the dark ava.
Whit can I dae fir ye, if there's nae yle?

Puir Lalla, whit's the maitter? Oh my bairn,
ye're cauld? But dinnae staund agin the waa:
come and I'll warm ye on yir mammie's airm.

No. 1677 *La famija poverella*
26 settembre 1835

The Bronze Horse

Ye threpe of *galloping* and *trotting*, sooth!
I'm tellin ye yince mair, Maister Cornelius,
that this kenspeckle horse of Marc' Aurelius
is founert-luikan, fair doun-in-the-mouth.

Don Fea, to see if it wes atrabilious
or something, rade it, legs raxt-out, nae spoof,
screaming: 'If it's no sortit, Gospel truth,
it'll come doun about yer heid and kill yese.'

The Abbé, greitan, waved a negroscoptic
instrument up and doun, jist like a yo-yo,
bawling: 'Here's water. Gode! the thing's hydroptic.'

He says there's jist ae hope to keep this same
Marcus Aurelius safe in Campidojo,
and that's paracentesis of the wame.

No. 1723 *Er caval de bronzo*
1 novembre 1835

The Advocate MacColl

Wad ye believe? – the advocate, thon puir
Maister MacCoil, faur-gaen in scarcity,
micht scantlins coff a sark fir poverty,
and gruch't his thrapple till it girned fir mair.

But raither nor mak plente, and unco sweir
to lat his lips say thon word, *charity*,
he sauld, in echt month, aa his property
binna his honour and ae single chair.

By shillins and by pennies, sae he fed,
puir sowl!, a wee bit at a time, and ate
claes, linen, ilka stick of furniture, and bed,

syne, at the end, in thon chair, wi nae breid,
nae water, nae bit fire intill the grate,
steekit his een and, in stairvation, dee'd.

No. 1731 *L'avocato Cola*
8 novembre 1835

The Doomed Conspirator

Aye, it's a gey sair cure, the 'horse', the tawse!
Sen he's on some secret society's list,
the Government will shoot him in the kist,
maist courteous-like, in keeping wi the laws.

Save him?! Hou can we lowse him frae *their* claws?
If he cuid pey a fine, wad they insist
on haudin him? He never wad be missed;
the Halie Council wad support his cause.

But him, without ae sanct to gie him aid,
a man wi deil a penny in his poke,
he's doom'd by aa the statutes ever made.

Syne gun him in the back? Naa – in the breist.
If he's a killer, he can tell his folk
he's deein like a gentleman at least.

No. 1787 *Er zettàrio condannato*
26 marzo 1836

The Haly Week *Miserere* – I

Aa the English frae the Piazza de Spagna
say naething else but, 'Wot a grand affair!
You cawn't beat that St Peter's *Miserer*
for unaccompanied voices, now can yaw?'

They're richt! – in aa the realm of Britannia,
or sic outlandish airts, it is gey rare
ye'll hear a sangspiel hauf as guid as their
miserere mei Deo sicunnum magna.

They stuck, the day, on *magna*, didnae muve
(*eating*, it means, as weill) an hour or sae,
wi *magna* sung like yon, ye'd faa in luve.

Ae sangster gied it out at first, syne twae,
syne three, syne fowre; and the hale quiere wad snoove
thegither, doun; *misericordium tua.*

No. 1799 *Er miserere de la Sittimana Santa*
31 marzo 1836

The Taxes

Seeing we dinnae chaffer onie wey,
and haenae grund eneuch to fill a vaise,
ye'd think at least we wadnae hae to raise
the siller for sic taxes as we pey.

We pey them on our breid, on aa the sey
or worsit claith that gaes to mak our claes,
on soles for shoon, on aa the yle we yaise,
on rent, for Guidsake, for some place to stey.

We pey them on our wine and on our bed;
we pey our taxes on the very tools
a workman needs, to cairry on his trade.

Maist ill to thole, we pey them to get mairrit,
to hae our bairns kirsent, for the mools
we pey for, in the kirkyaird, whan they're buriet.

No. 1818 *Le gabbelle*
5 aprile 1836

The Warld's Greatest Pleisor

Think, wife: to thrive wi nae sweit on yir brou,
to haunt ingle or howff whan winter's chill,
to win twae in a draw – three's better still –
to see a stack of presents, aa fir you,

to wark a three-wey cheat, drinking free yill,
on Customs, Government and Revenue,
to soum in spates of huers, wad fill a stew,
nae yin of thaim wi onie fear of hell,

to be appreivit, to be made a laird,
a prelate, cardinal or halie faither ...
thae pleisors are aye held in guid regaird.

But there is nane that comes within a whisker
of whit's experienced by onie mither
whan she's mistaen fir her dochter's sister.

No. 1861 *Er primo gusto der monno*
20 febbraio 1837

The Guid-natur'd Guidman – I

Luve me?! Puir Cawmill! He's that weill resigned
tae's fate, I cuid break eggs upon his phiz.
A better-natur'd man ye'll niver find,
altho it's no fir me to tell ye this.

Thae sevin year I've had him, he's been kind;
nae bickerin: onie new thing there is
in Rome, is mines: whit fads come in ma mind
he tries tae satisfie, and maistly duis.

Ilk evening, wabbit-out, puir sowl, fair duin,
to gie me pleisor – holiday or nane,
he gies me till his mate, while he turns in.

And fir this, Mrs Vincent, what he's tried
has aye been a success; aathing is gaen
jist richt fir him; the Lord is on his side.

No. 1871 *Er marito pacioccone*
2 marzo 1837

Maister Cawmill – II

Luve, luve: aa iver I hear tell
frae her is *luve*. Ach, Jeeze, I sall gae mad!
I'm niver sweirt; I luve her no sae bad,
and steik ma een frae scenes, or rin like hell.

Altho Guid kens hou sair I rax masel,
and she can say whit trauchles I hae had,
trying to satisfie whativer fad
she fancied, like our hous wes a hotel.

Nae day gaes by, but some bill maun be peyed
to sairve her needs, as if I gaithert brass
like chuckies. Man's a fuil whan he gets wed.

Nou Madam wad like *sugar in her tea*!
tho I, puir eediot, hae money as
a Hielanman has breeks – and threpes at me.

No. 1872 *Er zor Cammillo*
14 marzo 1837

I Hae Witnesses

Whan yesterday I saw the Halie Faither
gae frae the Nunziata by Pasquin's Square,
ye shuid hae seen his face, he gied a glare
like a Guairds corporal under the weather.

As he rade past, he had a rare auld blether
wi Cardinal Orioli and Ffarcoggner'
sitting forenenst him, a gey mim-moued pair,
side-for-side, wheesht-wheesht, speechless aathegither.

The crowd wes cheering meantime and applauding,
and he quick benedictionation spraying
baith sides the coach, like pour-outs at a waddin.

Syne wi his muckle haunds he gaed on laying
doun the law to thon pair, their heids nid-nodding;
they gree'd wi him, whitever he wes saying.

No. 1942 *E ciò li tistimòni*
26 marzo 1838

A Slip-up

Shair, it wes a pure accident: that's aa
that happent to me, no ma faut, A tell ye.
Whit's mair, ye can aye speir at thon auld fellie
gin this is true, the bawrkeep, Jock MacCraw.

A'd taen a dauner doun to Portobelly,
walkin aye close as close agin the waa:
A think it wes gey late, A mind A saw
Big Ben, and syne the News, on the pub's telly.

Jist todlan in to hae fowre pints of heavy,
A slip on a kail-runt – feel a richt mug –
say: 'Bawrman, maister, whit about a bevvy?'

A tuik aim vi the kail-runt at a dug,
thinkin of naethin in partikler, savvy?
and got the Lord Provost richt in the lug.

No. 1954 *Una avista*
5 febbraio 1839

Three Laddies and Nine Lassies

Talk about weans – yon yin had a dizzen
but got them aa set-up aa richt, nae fears!
Sandy and Giulio hae gane fir freres,
Gussie's at Terracina; he's in prison,

Clelia dee'd last year, Sarrie has risen
in life, mairriet a bleacher, it appears,
Virginia's been in sairvice twa-three years –
some abbots – wadnae caa the Queen her cousin.

Meenie's a monkrie-houskeeper, nae lack
of gear, Brigit's weit-nurse til an Inglesa,
Amalia has gaed aff wi a quack:

Fermina duis brodderie in gowd; and even
twa mair of them, Cleofe and Teresa,
tho neither has a tredd, can mak a levin.

No. 1981 *Tre maschi e nove femmine*
22 maggio 1843

The Jilted Lass

A wee-while back, I'd got haud of a tanner,
thon Tammerlick the tenor's sairvant's son.
But sen I'm that hard-up, ma hope's aa duin;
it's me that keeps twa sisters and a mither!

Ma tocher?! Wha the deil will gie me siller?
Puir lassies like masel jist cannae win
the public tochers; our shares are aa gien –
wad ye believe it? – til some rich man's dochter.

That's hou it is wi me the nou, Miss Sarey:
this yin has left me like the ither twa:
they aa rin eftir me, but no to mairry.

Ma graundmither saw throu thae things, fair faa
her sowl! She tellt me: 'Niver mind, ma dearie:
the guid Lord sall luik eftir ye anaa.'

No. 2023 *La regazza lassata*
10 dicembre 1844

Lost Property

Ken whit? Jist eftir me and youse cam out
thon pub last nicht, back of St Andrew's Square,
A gaed richt hame till ma ain hous; that's whair
A'll find a bed, no muckle else, A dout.

A todlit hame, aye bummin in ma snout
the tune frae Lucia di Lammermair,
whan suddenlyk, richt at the fuit of the stair,
A fell owre something wappit in a clout.

Guess whit it wes? A capon, a graund beast.
This morn A hae pluckit it and got
the emmlins out, and pit it on to reist.

Syne cam the easy bit: A yett the lot.
As fir the clout, the sairvant of the priest
will try if she can find the owner o't.

No. 2050 *La robba trovata*
30 dicembre 1844

The Sodgers

I say: 'Please wad ye tell me, Maister Rodgers,
seein I ken ye fir a man of sense:
did Christ, forbye the lave of his expense,
ever maintain a company of sodgers?

Because, I say, 'some faut-finding auld codgers
dout if our Vicar needs aa that defence
at hame, or in the church, no to dispense
wi his brigade of military dodgers.'

'My son, he says, 'ye're sadly ignorant,
since, I can see, ye dinnae even ken
it's sins hae made the church sae militant.

That's why the Paip has sodgers at his caa;
if Christ had kept a band of weill-airmed men,
it wad hae been better fir him and aa.'

No. 2085 *Li sordati*
26 dicembre 1845

Cardinals in Chapel

I countit them mysel: there's echt-and-forty:
yin of them white, the ither forty-sevin
reid, chummlin the sairvice up til Hevin,
set in their stalls, some buirdlie, some gey tottery.

Folk say they're aa weill-lairnt men, the sort ye
can speir at on aa maitters, deid or levin,
and nane can get the best of them, no even
him that invents the secrets of the Lottery.

Or they were made monseigneurs, ilka yin,
some say, my Angel, whiles gaed aff the road
and stank a wee bit, a wee bittie juist, of sin.

Nou they're aa Eminences? If I cuid,
I'd lairn frae their hairts by keekin in
hou monie of thae folk believe in Gode.

No. 2125 *Li cardinali in cappella*
20 aprile 1846

Daith wi a Tail

We maun be tane or tither, never baith;
we're either commies or believe in God.
If we believe, wide boy or common sod,
our hairts are nithert by the fear of daith.

Ye rin to howffs and pairties, never laith
to jyne a ceilidh, pipe up at a mod,
make luve, dae business, get things on the nod,
grab whit ye can, till fuff! gaes yir last braith.

And syne? Syne aa yir trauchles are to come;
syne the hereaifter nabs ye by the hawse;
ane endless *aye* sall bang yir glibness dumb.

Yet, guid or bad, a leal man or a fause,
ye're gruppit, richt-weys-up or heels-ower-bum,
in bitch eternity's ayebydand jaws.

No. 2136 *La morte co la coda*
29 aprile 1846

The New Paip

Whit can I say? That's whit I like, ma frien:
tae ilk his gout, ma faither joke't umwhile.
This Paip that we hae nou has got a smile
fir aabody, is young, is guid, is bien ...

Fir aa that, gin he duisnae cheenge his style,
I'd say I yuistae be a lot mair keen
on the deid Paip, puir sowl!: at least we've seen
the wey he clappit thae reid rogues in jyle.

Whit kinna Paip is this, that gies offence
til aa the prelates and the cardinals,
and even walks to Mass to save expense?

To see his kitchen and refectory:
a waesom sicht. Och aye, whit bonnie meals,
whit a graund show, the time of Gregory!

No. 2140 *Er Papa novo*
21 ottobre 1846

The Easy-gaun Paip

Whit a guid paip, eh? Whit a couthie hairt!
Suppose ye ettle to hae a paip like this,
suppose ye ettle, ye'll suiner see fresh fish
jiggin a hornpipe on the cadger's cairt.

Whan he gies a blink of thae douce een of his,
wi thae douce lips aye jist about to pairt
in a smile, d'ye no feel like ye're gonnae stairt
to lue him? Wad ye no gie him a kiss?

He's maybe paip, a secont Christ to the Christians:
jist as ye like, and yet, upon ma sowl,
he luiks to me jist really ane of hiz-yins.

Please tell me the richt wey o'd, Maister Ross,
luikin at him, d'ye find a kingly scowl?
div ye see in him the face of a boss?

No. 2143 *Er Papa pacioccone*
27 ottobre 1846

Public Audience

Jist toddle doun thair til the audience, Doad,
dinnae be feart, nou, jist you listen to me.
Ye mind the coronation? Did ye see
whitna guidwill this Papa Pio showed?

I ken, thon Thursday whan A tuik the road
to see him, shair, A wadnae tell a lee,
it seemed as if A wes afore a wee
bairn, no him that comes neist eftir Gode.

D'ye think that he is maybe yin of thae
kind ye jist speak til, and they gie a glowre
and garr ye shak and trummle like a strae?

He winnae bite ye, Doad, jist threpe awa;
A'll bet ye, whan the audience is owre,
ye'll thank him kindly gin he tellt ye naa.

No. 2144 *L'udienza prubbica*
28 ottobre 1846

The Guid Paip

Guid, he is unco-guid; he's wersh, in fact,
and sae, nippit atween twa evils, he's
gey suin persuadit firtae tak his ease
and mair inclined to swither nor to act.

Of coorse, aabody kens it as a fact
that galloping can gie ye a quick heize
intill the knacker's, but nae man wad chese
to mount a naig that's founert and howe-backt.

But, still-an-on, we that wad like to stop
at hame, and sup our parritch up in quiet,
ken little of the bickering up-top

atween the fowk that pull and that let go.
A'd like to hear ye, gin ye're boun to try it,
blend wi a piper on the piccolo.

No. 2149 *Er Papa bono*
4 novembre 1846

The Paip's Health

Halie Faither, whair's yer blythness? Whair
thae chubby chafts, sae rosy, sae genteel,
ye had afore? Ye're luikan no sae weill:
A see yer face gey cheengit, fu of care.

Gin thae getts of a harpy and a bear
plank raips and chains afore yer feet, gae deal
wi thaim, whit fir d'ye gie them leave to steal
yer health? Ist hard to thraw them out of thair?

Are ye or are ye no the Vicar of Gode?
Awa wi them, the grettest and the least,
and syne leave it ill us: we'll tak care o'd.

Gang on this gait ye're daein; syne? and syne
ye'll bigg yer beild upon the sands, and neist,
spit cardinals, and dee of the decline.

No. 2150 *La salute der Papa*
4 novembre 1846

The Paip in a Fankle

It's time to pitt a feenish to this chaff
of crying our sovereign Paip Pio a sham,
a thowless man, an easy-gaun man,
a lazybanes, a snail and, waur, a nyaff.

Fanklit by Halie College and aa their staff
that, gin they see a midge, faa in a dwam,
weill, hou cuid thon puir cratur no hae cam
to seek help in the art of pittin-aff?

He ettles to rin everything and rule
wi the saft pedal, in a minor key,
chastising wi a tawse of cotton wool.

Ettlin to satisfie baith rich and needy,
is't aa that unco wunnerfu, A say,
to hing thon bunch he cannae find a widdie?

No. 2151 *Er Papa in de l'incastro*
5 novembre 1846

Quicksilver

Sleep? The Paip's never sleepy, ere or late,
nae tortoise him, ye're talking throu yir hat.
Ye'll no brew the richt pheesic, jist like that,
to pit the warld in a better state.

Things winnae mend nae quicker, oniegait,
cannae be duin, jist cannae, Maisier Spratt.
But fine I ken thae fowk, and whit they're at:
they ettle baith to eat their cake and hae't.

Let thae nyaffs blether till they're crowpy, syne
tell them: 'Ye fuils. the cat that's in a hurry,
ye bluidy fuils, gets kittlins that are blinn.'

Pious, our sovereign Paip, we micht dae waur
nor let him sort ae thing at a time, nae worry.
He that gaes canny traivels safe and faur.

No. 2152 *Li vivoli in zaccoccia*
5 novembre 1846

The True Vicar of Jesus Christ

Pio's like Christ: thae fuils shuid shut their balls
and gie owre aggrannoying me and yese.
In fack, hae ye a mind, Sir, if ye please,
to see if Christ and Pio are equals?

Christ, for our sins that made us aa their thralls,
focht wi the scribes and wi the pharisees:
Nou philistines hae Pio on his knees,
he has to fecht prelates and cardinals.

Pio, like Christ, weirs the crown of jags,
and pleys the Ecce Homo on a booth
afore a thrang of dafties and auld lags.

Weill for him no to traist the loud applause,
and scaittered flures. as the aefald truth:
better to mind him of the palms, the cross.

No. 2153 *Er Vicario vero de Gesucristo*
8 novembre 1846

The Blindness of the Paip

This wey of daein, Maister Pio, fails
to mak an ending of disturbances.
It's a Paip's job to save appearances:
ye, Halie Faither, need to trim yer sails.

Gregory kent the wey to ride thae gales
and had a Paip's wey wi impertinencies:
they want breid? gie 'em a wheen indulgencies:
they want jobs? gie 'em employment in the gaols.

Thir swinish cries of 'justice' and 'mair say'
maun be refuisit, for it's jist a dream:
to gie justice, the gallowses will dae.

Gin ye gang on this gait, ye'll be left flat.
Haud up, things are less frichtfu nor they seem.
There's aye the Austrians, gin it comes to that.

No. 2162 *La cechezza der Papa*
2 gennaio 1847

The Cholera Morbus

– Bit whit wanchancy times are ours! We hae
freedom, fludes and weir, the pest, the rain
that nivver gies owre, England, France and Spain,
aa faain in our times, my Agatha.

Richt nou, there's cam upon us mickle wae,
this grugous nestie seikness that has gane
throu the distressfu Kingdom, and has taen
yon puir Punchinello yesterday.

Hard luck on Punch, bit nae calamity
compared wi Jesus Christ's, duin out o's richts,
nae novena for his Nativity.

This is the first Christmas we ivver saw
without a hope of cribs or altar-lichts
and nut wan piper here to gie a blaw.

No. 2279 *Er còllera mòribus*
24 dicembre 1836

Appendix I
The Edinburgh Sonnets

The Edinburgh Sonnets – original numbering, with dates of composition:

1. Glisk ofthe Great (9.3.59)
2. Be war ... (16.7.60)
3. Queer Ongauns (16.7.60)
4. I'm Neutral (9.5.62)
5. Address til an Elm-tree ... (July 1962)
6. Ane Offering for Easter (7.7.62)
7. Heard (at the West-end) in the Cougate (29.9.62)
8. Did ye see me? (22.9.62)
9. And they were richt (22.9.62)
10. Festival (Opening), 1962 (6.10.62)
11. I was fair beat (10.10.62)
12. The Neist Eftir the Last (28.10.62)
13. Merulius Lacrymans (13.1.63)
14. At Robert Fergusson's Grave (16.2.63)
15. Dae it yersel (8.9.63)
16. Elegy (23.5.64)
17. Heard in the Gairdens (13.3.65)
18. Whit wad Verdi say? (13.3.65)
19. In Princes Street Gairdens (28.5.66)
20. A Wee Local Scandal (8.3.67)
21. Rullion Green Tercentenary (23.12.67)
22. Nemo Canem Impune Lacessit (15.3.73)
23. An Alabaster Box (23.3.73)
24. Grump-grump (26.3.73)

In a memo to himself Garioch writes: 'Scrap E.S. 2, 5, 12.' He also dropped 24.
In October 1962 he sent seven of the sonnets (in the original numbering 3,
6, 7, 8, 9, 10 and 11) to the *Times Literary Supplement* and they were all 'rejeckit'. The
four discarded sonnets follow, plus 'A Fair Cop' (dated 26.10.76 and originally titled
'La Belle Dame Sans Merci') and three late examples.

Edinburgh Sonnet 2

Be war in special o dour-heidit men
wha for conveniency wad kill delyte,
preivin that black is white and white is black,
expediency exped – but ach! ye ken

their arguments, aye birlin roun an roun:
St George's kirk is unco in the wey,
it's got dry rot, what luck! Wha's gonna pey
to pit it richt? Nae answer? Ding it doun.

Charlotte Square, George Square – baith out o the ark,
Adam's Auld Quad a muckle stane has-been,
Reidbrick's in fashion nou, no mason-wark;

we moderns wad like a cheenge o scene:
clear them awa and bigg a streamlined stark
new electronic brain-washing machine.

16 July 1960

Address til an Elm Tree

IN QUEEN STREET GAIRDENS, EFTIR THE SIMMER GALE
(Edinburgh Sonnet 5)

Ye hae survived, as tho nae twist had stirred,
thanks to your bonnie neibor in the wast,
yon florish-heavy Hawthorn, that the blast
left, of the thrie main branches, just ae-third.

Ye dour materialist, whaes reuch sides gird
a muckle wecht o timmer, haudin fast
to what ye hae, ye're here, and mean to last,
mair like a rock extruded frae the yird.

And yet, being a tree, ye maun bear seed,
whilk canna weill be dune but-gif ye blume,
but, canny Elm, ye dinna see the need

to owredae things and risk the Hawthorn's doom
wi loads o florish. Neist year, if it's deid,
the wunds will rug ye, but ye'll hae mair room.

July 1962

The Neist eftir the Last
(Edinburgh Sonnet 12)

I sent my last bit sonnet til *The Scotsman*
wi S/A envelope, saxpence it cost,
it stotted back by the return of post;
I'm telling ye: it's true, or I'm a Dutchman.

I tak it as a blot on my escutcheon;
I hae fyled my copybook, or burnt the toast,
or spylte my sermon wi a kechlan hoast,
or rammed the buoy, like a landlubber yachtsman.

Losh! I hae made it. Thon's a proper rhyme.
Yince past the octave, things are no sae bad,
tho, I admit, it tuke me aa my time.

This sonneteering whiles wad drive ye mad,
gyte, it suld be in Scots, but the sublime
michtnae find hous-room either in yon blad.

28 October 1962

Grump-grump

Whit wey duis our hous hae to gae Grump-grump
aa throu the nicht? – maybe the day as weill,
tho, like the sterns and the nichtingale
by day, we dinnae heed the steidie thump.

Is't my Seleckit Poems hae taen the hump?
Or James Hogg's sinner, justifiean Hell?
Grieve in the cellar, preaching tae himsel?
The City Engineer, trapped in our sump?

Mair like, faur motors revving on a beat,
like Heinkel One-Elevens, out of phase:
Crump-grump, syne Crump! – awa gaed hauf the street.

And yet our toun, biggit in better days,
outlasted thaim to mak a Planners' treat,
haill quarters dingit doun fir motorways.

26 March 1973

A Fair Cop

Castalian Scots, nou may ye cry, Allace!
sen your True Rhymer, Garioch, met a leddy
polis, maist unexpeckit, in a shady
neuk near Tollcross, and nou he's in disgrace.

She met him, raither, but in onie case
it maks nae odds; she got her notebuik ready,
lickit her keelivine, and, jeez! she said he
wes 'urinating in a public place'.

Her very words, a richt wee caution! Pray
forgie me thon expression in nine letters,
a terrible expense: seevin wad dae.

Fending us aa frae muggers and sic craiturs,
the Polis are maist eydent, I daursay,
but fancy fashin wi sic piddlan maitters!

undated

Punk

We *Scotsman* readers tak things as they come
thir days of siller-howkan dreich punk-rock,
even the action-photies, set to shock
raither nor enterteen us whan we're glum.

Last Setturday but yin, it shawed us some
fancy-dress Embro pairty full of folk,
weill-focussed on a lass without her frock,
wi wellies, and a hat, and a bare bum.

Like aa thae punk-rock picturs I hae seen
it didnae get things richt ava: thon kitten
spylte the effeck throu being nice and clean.

For model, they suid tak some puir, flea-bitten,
fousome broken-man wi bluidshot een,
wanless in layers of clouts nae-colour and shitten.

26 December 1979

Sairve Him Richt!

Ken thon wee Hielan pub? – it's got a name –
I asked the baurman fir a pint of beer.
'Sorry sir, closed,' he bawled. It wad appear
that he's auld-farrant – pits ye out at ten.

'Ye can bide closed, fir me,' I says, and then
he tells me, 'Open again the morn.' 'Nae fear
of seein me,' says I, 'I'll no be here.'
'Thank Gode fir that!' he says. I toddlit hame

by Thistle Street, Rose Street, slockent ma drouth
in a richt ceevil hostelry, gey near
ma strecht wey hame, weill-kent to me in youth,

whan I wes soukin in baith yill and leir
amang the makars. Weill, thon baurman's mouth
tined him my custom of three pints a year.

28 January 1980

Sairve Me Richt!

Jist yince, I hae been pitten out, that's aa,
on 16th June, in 1934,
frae some howff, new to me, dounbye Leith Shore.
They bawled, as they aye did, 'Time, gents! The Law!

Nae hames? Nae beds!' I'd hear'd aa thon afore.
The wey thon baur wes biggit left owre smaa
a space atween the counter and the waa:
they had some job, caain me out the door.

Thir wir twa baur-keeps, baith of them gey teuch.
They tellt me no to stert getting sarcastic,
syne gied me whit I asked fir, richt eneuch.

Och aye, I ken it wes aa richtly desairvit.
I'd spier'd if their time-keeping wes elastic:
nine regulars were waitin to git sairvit.

13 September 1980

Appendix II
The Big Music
The MS version in Notebook Four

The Big Music

'And, ten to wan, the piper is a cockney.'
(Hugh MacDiarmid)

1 *Victoria Street in London, the name gaes wi the place,*

2 *in a Hanoverian drill-haa, near Buckingham Palace,*

3

4

5 *near the Crazy Gang, the 'Windsor Castle',*

6 *no very faur, owre the water, frae the Lambeth Walk,*

7

8 *(jist owre the railway, truncated wi a boomb,)*
   (the spire as aye, the maist expendable pairt o the thing,)
   (stude the boomb blast better nor the kirk itsel,)

9 *This big Victorian drill-haa, quite unlike Scotland,*

10 *binna ae thing: the unco vastness of the place*

+ *In fact, the thing's a glen, owre big for forty fiddlers,*
   wi jist the richt acoustics for jist ae stand of pipes,
   a feck of folk's in this place, that luiks as tuim as a glen,

11

12

13

14   *... wind-cod,*

+ *While he is about it, I hae a naiteral break in ma programme;*
   there's ae thing I see anent pipers –
   they tak their time, in aa things.
   A man indifferent honest, I hope, in artistic maitters,
   weill acquent wi a passacaglia, I ken naething anent a crunluath.
   Forbye, I can follow instructions on music frae Monteverdi
   till Steinberg, Berg, and Bergstein, plus and minus a bit at ilk end.

15

The Big Music

Victoria Street in London, the place gaes wi the name,
a Hanoverian drill-haa, near Buckingham Palace,
near the cross-Channel trains, Edinburgh coaches,
Army and Navy Stores, an ex-abbey, a cathedral,
5   near the Crazy Gang, the 'Windsor', Artillery Mansions,
no faur, owre the water, frae the Lambeth Walk,
near the exotic kirk-spire carved wi the Stars and Stripes,
disappointed nou, a frustum, whangit wi a boomb.

This great Victorian drill-haa is naethin like Scotland,
10 binna the unco hicht and vastness of the place.

The judges jouk into their tent; the piper treads the tarmac.
His gear lemes in the sunlicht of hunner-and-fifty-watt suns,
while we in the crowd luik on, MacAdams and Watts wi the lave.
Skinklan and pairticoloured, the piper blaws life in his wind-bag,

15 aefald, ilka pairt in keeping, the man, his claes and the pipes,

16 *in keeping wi this drill-haa as thocht he stude in Boreraig*

17

18 *like a traiveller I met on the road aince, masel droukil wi the rain*

 + *and him comfortable and dry, sae faur as I cuid see*

19 *(as the Big Music itsel maks its ain bienlie conditiouns)*
    like the Big Lowring Pipe, that makes its ain conditiouns,

20

21 *like the welder's nitrogen island, blawn in the midst of the air*

22

23

24   *... nor onie of Natur's noises,*

25   *... this raised deil of the drones*

26

27

28 *Doun till the grund and up ...*

29

30 *sae he eases awa at the jynts of his drones ...*

31   *... he fechts wi the quirks ...*

32 *aye the fireflaucht of melody tined on heich A of the scale,*

33 *(bass drone, and twa tenor drones baith tuned til A,)*
    the great drone, and the twa wee drones, baith tuned til A,

34   *... tearing throu on E,*

35

36

37

38

39

40

41

42

43

44

45

46

47

48

49

50

in keeping wi this place, as tho he stuid in Raasay,
Alaska, India, Edinburgh Castle, of coorse, for that maitter,
like a traivler I met in the rain on the Cauld Stane Slap, and him dry;
like the Big Rowtan Pipe itsel, that can mak its ain conditions,

20 as the blaw-torch brenns under water in its ain oxygen-bell,
like the welder's argon island, blawn in the thick of the air,
sae the piper blaws his ain warld, and tunes it in three octaves,
a steil tone grund on the stane, and shairpit on the ile-stane,
like a raisit deil, mair inexorable nor onie ither music,
25 for the piper cannae maister this deevil of the reeds,
binna to wirry him aathegither, and brek the spell.

Nou, jaggit as levin, a flash of notes frae the chanter
slaps throu the unisoun, and tines itsel in the drones,
no jist richtlie in tune; the snell snarl dirls wi a beat,
30 sae the piper eases the jynts of the drones and tries again,
and again, and again, he fettles the quirks of his fykie engine,
flings the fireflaucht of melody, tined an octave abuin the drones,
bass drone and twa tenor drones geynear in tune on A,

wi a michtie strang harmonic bummlan awa on E,
35 that the piper is ettlan to lock deid-richt in tune wi the chanter,
for the pipes are a gey primitive perfected instrument,
that can fail a fine piper whiles, as his art may fail,
tho it warks in the tradition of the MacKays of Raasay,
guairdit throu generations of teachers and learners and teachers,
40 and thon piper staunds forenenst us, skeelie in mind and body,
wi the sowl, a mystery greater nor mind and body thegither,
that kythes itsel by virr of its presence or absence in music.
Yet piper or pipes may fail, whan the piper wad be at his best,
ane of his reeds no jist richt, ae finger no swipper or souple,
45 the strang rule of the will may falter, and tine the rhythm;
for aa that, comes the time whan the mind, body and sowl
and the reeds, the fowreteen sections, the sheepskin wind-bag
seasoned inside wi honey, or wi some patent concoction,
whan the piper and pipes in sympathy ken that the nicht is the nicht,
50 as Smooth John MacNab bragged on a very different occasion,

51

52

53

54

55

56

57   *... some say ...*

58 *He wud staund, a smile on his face, his lug forenenst the great drone.*

 + *Masel, I think the Great Cham, geylike the (Great Panjandrum) Shah of Persia,*

59 *kent (big) music whan he heard it, whan it garred his nerve-strings dirl,*

60

61

62–63   *... wes it (Islay Mist) Talisker or Laphroaig?*

         Nor I cannae jist tell this day, for the tangle o the Isles

         taiglit the nerves of my neb, wilts untreatit sewage and peat,

         it seemed like a Hebrides maut guffin out frae thae three drones.

64

65

66   *... duisnae begin or end,*

67

68

69

70

71 *Treidan sae slawlie wi steidy meisured pace.*

72

73   *... frae the hicht*

74 *of the chanter's scale, that stairts sae heich, it maun faa,*

75   *... syne faas wi wecht and dool*

76   *... and rises for the cadence*

77   *... tune ...*

78 *wi smaa variations.*

79 *the cadence weill-kenn'd, to meisure its waesom time,*

80

81   *... dour as the siccarness of doom,*

82 *yon piper wi centuries of passion in his hairt*

83 *michtie as the pressure ruggan at his reeds,*

84

85   *... merely richt ...*

86 *The theme circles ...*

sae the piper, his pipes, judges, the warld at lairge
aa gree, yince, for a wunner, that a piobaireachd is pleyd richt.
Nae artist wad hae his medium onie itherweys ordert.
And aa this time my thocht gaes wannerin its lane,
55 in a three-octave chaos naukit binna its ain harmonics,
a state whaur aa things are possible, and naethin luiks very likely.
Doctor Johnson likit the pipes, we're aye tellt, because he wes deif;
for my pairt, I think, like the Shah, wha likit the first tune best,
he kennd music whan he heard it, whan it garred his nervestrings dirl.
60 I mind, yince, masel, I mainaged near eneuch the great drone
to hear a gey guid-gaun piobaireachd, aye, and to smell it anaa:
I cuidnae mak up my mind, wes it Dufftown or The Glen Garioch?
I jalousit a Nor-east maut guffan out, maist musical.

Nou, huge, in tune, our stane-and-airn glen
65 dirls three octaves, A in unisoun.
Straunge hou this music has nae begin or end;
even the tuning, tho nae pairt of the tune,
langs to the music, as duis the tune itsel,
sae that the *urlar*, grund of the hale thing,
70 taks place insensibly as daith or life.
Pacing fu slawlie, wi steidie meisured mairch,
the piper blaws the lang bare notes of his lament,
a tune that bides lang jist twa steps frae the tap
of the chanter's compass, sae heich that it maun faa,
75 no faur; it rises, syne faas ferder, in dool,
lifts its heid twice: the cadence ends the tune.
The slaw, waesom melody, returning owre and owre,
wi smaa, clever cheenges, that keep our senses keen,
the cadence eith-kennd, airtan aathin in time,
80 comes like sad nicht, that ends ilk dowie day.
The piper hauds on, wi the siccarness of doom,
fowre centuries of culture ruggan at his hairt
like the michtie pressure tearing throu his reeds,
hauds on til his time, wi the richtness of art,
85 that is no semplie richt, but we feel that it is richt.
The theme birls slawlie, and aye as it wins roun,

87   *the neist variation pits in its ain device*
88   *aye adding mair short notes, till they garr the dirgie daunce*
89
90   *till the hale tune is full in ilka pairt*
91   *wi nae note left in it that doesnae gie a loup.*
92   *Nou comes in special the ferlie of the pipes:*
93   *... laid like a precious stane,*
94   *... maist delicate control*
95   *... Clydesdale stallion ...*
96   *Allanerlie out of the great Heilan pipe ye can hear this soun*
97   *yon rattle ...*   *... knocking thegether*
98
99
100   *Folk as dour as quartz ...*
101   *made this hard, intellectual, stark and skinklan music*
102
  +   *feared by the Auld Licht ministers that ken'd its power,*
103   *... an irresistible growth.*
104   *... if ye can caa it that,*
105   *wi the urlar naukit again, jist as if naething had happent.*
106   *if ... straitlie ... to rules*
107   *there didnae seem ...*
108   *gin the piper had puff eneuch, as there seemed no reason to doubt.*

Last five lines in the MS are deleted:

> *As for this ferlie of art, I hae ettled to tell ye about,*
> *the judges in their wee tent placed my piper heich on the list,*
> *(but) said this piper (was very good) did very (well) weil,*
> *but ithers did even better; the Big Music*
> *is in siccan a healthy state, tho greatly made up of laments.*

20.10.69

Nae need of scenery. This is hard music, not theatrical – you don't look at the loch while you listen to this big music. A Drill hall in Victoria Street is as good as anywhere else.

the neist variorum adds on its ain device,
mair short notes and mair, that garr the dirgie daunce;
the aureat lament lowes mair and main wi pride,
90 till there is nae note, but loups it wi the lave,
tho, wi the music loupin, the piper nou staunds still.
Here comes the unco ferlie of the pipes,
the first of the grace-notes, like a precious stane,
gale-force music, delicately ruled,
95 a thrawn, strang Clydesdale; the horseman kens the word.
Allanerlie the great Heiland pipe can mak this soun,
this rattle of reedy noise, the owretones brattlan thegither,
wi maybe a swirlan danger, like musardrie of maut.
Piobaireachd adorns tragedy wi maist sensie jewels.
100 Men, dour as quartz, responsive as quartz to licht,
mak this shairp intellectual and passionat music,
dangerous, maist dangerous, and naethin moderat,

florischan in the warld, a dauntless form of life.
The piobaireachd comes til an end, gin we may cry it end,
105 the grund naukit again, as tho it had aye been sae.
Gin it werenae a competition, wi international rules,
there seems nae reason why it suidnae stert owre again,
gin the piper has braith eneuch, and there's nae dout about that,
but he neatly thraws the thrapple of the deil in his pipes,
110 that dees decently, wi nae unseemly scrauch.
He taks leave of us wi dignity, turns, and is gane.
The judges rate him heich, but no in the first three.

Notes

Dedication frae Chuckies on the Cairn
Chuckies on the Cairn was printed privately in 1949.

A Makar's Prayer (1.12.69)
'... *that is stade in perplexite ...*' (23.8.67)
The title is from a 14th-century poem 'Quhen Alexander our kynge was dede'.
l.1 MS: 'crottlie' instead of 'encrustit'.

On Seeing an Aik-Tree Sprent wi Galls
galls: April seems early, but this was in Kent, in an early spring. (G)

Programme Notes (20.8.69)
Berlioz's *Requiem* (1837) was first produced on a splendid scale in the church of Les Invalides, the vast forces including hundreds of voices, one hundred and ten strings, ten percussionists – and four brass bands stationed at the four corners of the church to represent the calls of the Last Judgment.
MS between ll.9 and 10:
    a steamship siren, two or three guns as well
MS l.21: 'red bully' replaced by 'dull atheist'.

Quiet Passage (included in *Seventeen Poems ...*)

Brither Worm (2.9.66)
l.2 *New Town:* From the 1760s, the filling in of the Nor Loch and the construction of the North Bridge enabled a general movement of the better-off out of the over-crowded conditions. around the High Street into the New Town. Promoted primarily by George Drummond, provided with a kind of blue-print in *Proposals for carrying on certain Public Works in the City of Edinburgh* (attributed to Sir Gilbert Elliot), and containing work by architects such as Robert Adam, Robert Reid and William Playfair, the New Town has been much admired for its gracious appearance. Credit is due too to the strict planning control exercised by the town council during the various building stages. For a recent account see James Buchan, *Capital of the Mind* (London, John Murray, 2003), pp. 116–204 and elsewhere. R. L. Stevenson described the New Town as consisting of 'draughty parallelograms'. Garioch's house was at 4 Nelson Street. In his memoir J. B. Caird described it as 'a large rambling house with three storeys. The top storey, with its Regency facade, looks on to the severe, classical, steep street. The handsome, high-ceilinged front drawing room was lined with bookshelves and had water-colours on its walls ... The other two storeys ...

sloped down to lanes at the back and looked on to a paved courtyard. Most of the social and intellectual activity of the house centred on the downstairs kitchen and the adjoining study, one wall of which was dominated by a large portrait of George Buchanan ...'
l.10 Drumsheuch Forest, i.e., the original natural state of the area, the 'forest' being a royal hunting preserve.

Winter (included in *Chuckies on the Cairn*)

Day Trip (17.8.60)

A Wee-bit Nicht Music
l.19 Turnent: Tranent
l.30 Barlinnie: local prison.

Light in the Head (17.12.63)

Eros (included in *Seventeen Poems ...*)

A Visit (10.3.65)

Ghaisties (included in *Seventeen Poems ...*)
Garioch referred to this as a 'youthful work' in a letter to Maurice Lindsay (8.11.65) and added: 'It's a damn good love poem, just the same, though not my line nowadays.'

Embro to the Ploy
The Edinburgh Festival (est. 1947) occupies three weeks in late August and early September. This poem has several notable ancestors, e.g., Fergusson's 'Leith Races'. In 'Heaven-Taught Fergusson' (cited in the Introduction), p. 190. Andrew Macintosh suggests that 'Peblis to the Ploy' is more likely as a model and refers us to the examination of the tradition to which such poems belong offered by Allan H MacLaine (ed.), *The Christis Kirk Tradition: Scots Poems of Folk Festivity* (Glasgow, Association for Scottish Literary Studies, 1996).
l.41. *High Schule:* The High School was founded in 1128. Alexander Laing's building (1777) in High School Yards was attended by Sir Walter Scott and Lord Cockburn, who, with other old boys, founded The Edinburgh Academy (1823) in an attempt to improve on the education offered by their own old school. The building referred to by Garioch is Thomas Hamilton's imposing neoclassical structure on a slope of Calton Hill (1829). See E. F. Catford, *Edinburgh, The Story of a City* (Hutchinson, 1975), pp. 151–4. In 1969 the school moved to more functional buildings at Barnton, west of the city. The hall of the old Royal High is pressed into service during the Festival, despite its discomfort. Garioch recalls his own RHS days in *As I Remember*, p. 56.
l.45 *Ramsay:* Allan Ramsay had a wig-maker's business in the Luckenbooths; in 1725 he started Scotland's first circulating library there.
l.51 *Assembly-haa:* Built on the site of the palace of Mary of Guise, the Assembly Hall is the meeting place of the annual General Assembly of the Church of Scotland. During the Festival it has been put to use as as an open-stage theatre.
l.63 *hadarid, hindarid:* pipers' mnemonics. (G)

l.93 McEwan Haa: Edinburgh University's graduation hall, financed by William McEwan, MP for Central Edinburgh and a member of the brewing family (1897). The incident referred to, harmless enough to us now, took place during The International Drama Conference, 1963, and caused a stir.

l.101 Café Royal: built in 1862 as a plumber's showroom, now a bar and restaurant with fine Victorian plasterwork and stained glass. The Abbotsford, in Rose Street, is another pub which long retained much of its original character.

l.111 Assembly Rooms: dating from 1787, the Assembly Rooms and Music Hall was the centre for New Town social life. Garioch is referring to the fact that during the Festival the building was the venue of the Festival Club and licensing laws allowed the serving of alcohol after normal pub closing-time.

In the MS, sharing a page with the tenth stanza and dated 5.9.64, is a stanza not included in the printed version:

> I mind whan Tovey used to pley
> til Embro's braw array
> of cultured folk: we had to pey
> saxpence, and didna gae
> to hear Beethoven handed doun
> til Brahms, til Joachim, sae
> til Tovey – til aa Embro toun;
> we'd value him the day,
>   owre late,
> in Embro to the ploy.

To Robert Fergusson

When asked (Donald Campbell's interview, *Cencrastus* No. 6, Autumn 1981) about his first acquaintance with Fergusson, Garioch replied: 'In the thirties – I forget how it began. I think it was something to do with the fact that he spelled his name with two *ss*'s. I heard people talking about this Fergusson, whoever he was, and it occurred to me that this was something that would be worthwhile finding out about. I got his books out of the library – it wasn't very easy finding copies in these days – and now I can't remember a time when I wasn't interested in him. It was late enough in life before I'd even heard of the man – I think he's rather better known now. It seems funny to have gone to the High School, where we heard all about Burns, and heard nothing about Fergusson.'

In *As I Remember* (p. 57) Garioch further recalls how 'in the competition for an original poem I came in *proxime accessit* to one of the professor's sons. That prize was a handsomely bound Matthew Arnold, whose poems I couldn't read then, and haven't much enjoyed since. I wish they had given me Robert Fergusson, whom I had not heard of at that time. It would have delighted me to associate his poems with the old Edinburgh buildings that I was getting to know, through reading Chambers' *Traditions* and Grant's *Old and New Edinburgh* which was in our house also.'

See Matthew MacDiarmid's account of Fergusson's life in Vol. 1 of his edition of the poems, first published by The Scottish Text Society (1947, 1950). This standard edition is out of print but is available on-line from the electronic publisher

Chadwyck Healey. See the editorial note to *Heaven-Taught Fergusson* (pp. ix–x). For the verse-form, compare with Fergusson's own use in, for instance, poems such as 'Daft Days', 'Caller Oysters', or 'Braid Cloth'.

l.17 *Queen Street:* parallel to Princes Street and George Street, one of the first and principal features of the New Town plan.

l.25 *tenement or land:* high narrow multi-storey building characteristic of the Old Town. The height of such buildings was dictated by the scarcity of land on the 'backbone' of Old Edinburgh.

l.43 *Cape:* the club to which Fergusson belonged. See MacDiarmid, I, 49–57.

l.50 See Fergusson's 'The Daft Days' (i.e., Christmas and New Year Holidays) and 'Leith Races'.

l.61 *Wilkie:* See Fergusson's 'An Eclogue, To the Memory of Doctor William Wilkie, late Professor of Natural Philosophy in the University of St Andrews'. M. MacDiarmid discusses Fergusson's relations with Wilkie in Vol. I, pp. 16–19. Wilkie was not only a professor: he was also an enterprising farmer, and a poet. His nine-book *Epigoniad* was published in 1757 and 1759, and his *Moral Fables* in 1768.

l.89: i.e., about seventy years after 1707.

l.97 *Heriot and Watson:* See Fergusson's 'The Ghaists: A kirk-yard Eclogue', where the ghosts of Heriot and Watson comment on a controversy over the administration of their trusts. George Heriot (d. 1624), jeweller and banker to James VI, and George Watson (d. 1723), the first accountant of the Bank of Scotland, endowed schools ('hospitals') for the maintenance and education of sons of poorer merchants in Edinburgh.

l.111 *Embro's famous stink:* Many travellers and writers commented on the dirt and smell of the overcrowded wynds and vennels of the Old Town. Defoe (1707) is often quoted, e.g., 'there is no city in the world where so many people live in so little room. After ten at night you run the great risk, if you walk the streets, of having chamber- pots of ordure thrown upon your head ...' Cries of "gardyloo" came from above: from below came cries of "hoad yare hoand!"'

l.115 *Firth:* The Firth of Forth.

l.117 *pandores:* large oysters. These were caught near Prestonpans, the name (pan-doors) suggesting the site, i.e., near the salt pan doors.

l.125 *turnpike stair:* spiral stairway connecting the different storeys of a tenement or 'land'.

l.130 *Cougate:* middle one of three roads leading from the east end of the Grassmarket. It now passes under the one exposed arch of South Bridge.

l.161 *Darien:* Darien House, headquarters of the Darien Scheme, was situated on the north side of Teviot Place. The House was subsequently used as a Bedlam, attached to Edinburgh Poorhouse. Dr Andrew Duncan had tried to place Fergusson 'in a more desirable situation'. See also the note on 'The Big Music', l.281.

l.206 *Muschat's Cairn:* in Holyrood Park, commemorating Nicol Muschat of Boghall, a surgeon who in 1720 murdered his wife after unsuccessful attempts to obtain a divorce. The cairn figures in Scott's *Heart of Midlothian*, as does *Effie's Bairn* (l.207).

l.210 *Guttit Haddie:* on the south-west summit of Arthur's Seat, a great scar reputedly caused by a waterspout in 1744.

l.211 *gane Royal syne:* the High School in fact became Royal in 1598 (James G Trotter, *The Royal High School, Edinburgh*, London, 1911).

ll.215–166 *Wynd of the Black Friars:* Blackfriars Monastery was on the south side of the Cowgate (f. 1230).

l.235 *World's End Close:* the last close in the High Street before the old city wall, just inside Netherbow Port. This marked the end of the old burgh of Edinburgh and the beginning of Canongate. The latter retained its 'independence' until 1856.

Ramsey Lane: a steep lane leading down northwards from the Castle Esplanade. On the left is Ramsey Gardens (late 19th-century block of flats), surrounding Ramsey's octagonal villa 'Goosepie House' (1746).

l.236 *rigg-bane:* back-bone, the sloping ridge which supported early Edinburgh.

l.241 *Grieve:* Hugh MacDiarmid.

l.261 *Jacob's Ladder:* 'a footway which in two mutually diverging lines, each by a series of steep traverses and flights of steps descends the sloping face of Calton Hill to the North Back of the Canongate (renamed 'Calton Road')'. (MS notes on Edinburgh, Vol. 15, by Charles Broadie Boog-Watson, in the Edinburgh Central Library – this reference was supplied by Derek Bowman.)

Burns' smaa Greek pepperpat: the monument to Robert Burns, on the slope of Calton Hill beside Regent Road. Designed by Thomas Hamilton (1830), and like Playfair's monument to Dugald Stewart, it is a copy of the monument of Lysicrates in Athens. See also the note on 'Coolin-aff'.

l.263 *Sanct Andrew's House:* again see note on 'Coolin-aff'.

My Faither Sees Me (7.2.67)
MS: first version in past tense; then past tenses converted to present.

Glawmrie (9.6.65)
l.3 *Tammas, frae yon same Ercildoune:* Thomas of Erceldoune (in Berwickshire) or Thomas the Rhymer, fl. *c.* 1250–90, was a Scottish poet whose name has been associated with many prophetic sayings and also with the metrical romance *Sir Tristrem*. The early 15th-century *Romance of Thomas of Erceldoune* (ed. J. A. H. Murray, 1875) was the first gathering of his prophecies in literary form and his fame continued to spread in the following centuries. Sir Walter Scott included the ballad 'Thomas the Rhymer' in *Minstrelsy of the Scottish Border*.

A Near-Sichtit Whig View ...
I have made free with the Diary of the Laird of Woodhouselee. (G)
l.6 *jowin-in:* 'To jow in, to be rung in that quick mode which is meant to intimate that the ringing is near a close.' (Jamieson) (G)
l.37 Bristo Port was the site of a gate in the city wall of 1513.
l.57 The old Mercat Cross, from 1617, was removed in 1756 on the grounds that it was an incumbrance to the traffic. The present version is a 19th-century restoration: the cost was paid, and the Latin inscription composed, by William Gladstone (1888).
l.61 The Battle of Prestonpans (1745) saw the defeat of John Cope's forces by those of Charles Stewart.

Sisyphus (29.5.63)

The Humanists' Trauchles ... (1953)
MS title: 'Address to George Buchanan'.
MS epigram: 'Quam misera sit conditio docentium triviam Edinburgensis'.
The MS also contains an 'introduction':

> Fower hunner year sinsyne ye scrievit
> in Latin verse, hou ye were deivit
> amang the learie lave wha levit
> > wi ye in Paris,
> whaur men o pairts were nocht respeckit,
> but ilka day begowkt and geckit
> by dozent, impiddent or glaikit
> > colleginaris.

George Buchanan (1508) returned to Scotland in 1560 after many years in Europe and was closely associated with Mary until the death of Darnley turned him against her. He wrote mostly in Latin. His plays *Jephthea* and *Baptistes* which he wrote while he was a professor at Bordeaux, were translated by Garioch (Oliver & Boyd, 1959). His most famous works were *De Jure Regni apud Scotos* (1579) and *Rerum Scoticarum Historia* (1582).

l.69 *professorial chair:* the only seat in the room. (G)
l.109 *galoches:* 'chronic' students of mature years, attending classes to pass the time, so called from their winter galoches. (G)
l.115 *Montaigu:* the despised rival college. (G)
l.119 *Alexander:* a grammarian of the Middle Ages, held in contempt by up-to-date Humanists. (G)

Garioch's Repone til George Buchanan (1954)
l.11 MS: and see me nou, in middle-eld,
> > jist as you said, 'a makar beld
ll.27–9 MS: Nae dout he seems a donnart nyauff
> > > to couthie sumphs wha pey him hauf
> > > o what a man wi sic a heid
> > > wad get in onie mercat-steid
> > > > binna the public schule.
l.29 *council schule:* a local authority school.
Between ll.35 and 36 in MS:

> Even for that, they're no content
> to dock my pey at five per cent,
> > for actuarial facks
> in weys I canna unnerstand
> nou schaw a want o cash in hand
> > sae nou they're wantin sax.

l.44 Ethel M Dell (d. 1939) wrote romantic fiction.
l.55 Moray House (1628) was one of the finest of the Canongate mansions. It is now part of the College of Education.
ll.59–61. MS: as pigs fed frae the Galloway Mazer

> or Occam sherpnin up his razor
> to.chop some kennlin-sticks.

l.59 *Galloway Mazer:* large and splendid drinking-bowl in the National Museum of Antiquities, Edinburgh. (G)

l.65 *St Bernard's Well:* by the Water of Leith, not far from Dean Village, a classical rotunda (Alexander Nasmyth, 1789) on the site of a spring alleged to have curative properties.

The Bog (included in *Chuckies on the Cairn*)

l.40 *Usher Hall:* Edinburgh's main concert hall (1914), built with a gift from Andrew Usher, distiller.

The Wire (1954)

The Muir (1952, 1955)

The atomic passages are the outcome of my attempt to understand the 1953 Reith Lectures on *Science and the Common Understanding*, by J. Robert Oppenheimer. (G)

The first MS sketches of the poem, however, are dated 1952, and correspond to ll.1–127 and 495–511 of the final version. This was titled 'Notes frae Chaos II'. It is clear that the final shape of the poem emerged fairly slowly, even laboriously: there are several thematic outlines, and at the bottom of many pages there are prose jottings of ideas which found their way into the verse. The central bulk of the poem was written in the autumn of 1955. From l. 128 to l.159 was concluded 20.8.55. The date of 9.10.55 comes the end of several passages which in the final version correspond to lines 160–98, 224–53, 273–335 and 450–57. Lines 198–223 are dated 12.10.55.

l.46 *seizer:* Kirk Session officer appointed to catch absentees from church. (G)

l.53 Badenoch is an area of the central Highlands, including the Spey Valley around Newtonmore and Kingussie.

l.61 *True Thomas:* see note on 'Glawmrie'.

l.78 *Kinde Kittock:* see Dunbar's 'The Ballad of Kynd Kittock'.

In his edition of Dunbar's poems W. Mackay Mackenzie placed this piece under 'Some Attributions'.

l.91 MS: dissolvin Hell, we've tint the yird alsweill.

l.100 Hugh Miller (1802–56) was a Scottish geologist and theologian famous both for his work on fossil fishes in the Cromarty region and for his campaign against patronage in the Church of Scotland. His writings include *The Old Red Sandstone* (1841) and *Footprint of the Creator* (1849). See George Rosie, *Hugh Miller: Outrage and Order* (Mainstream, 1982).

ll.128ff MS: What maks the substance o this solid muir,
> the whunstane ledge I'm sitting on, a dour
> material flair for me, the roof o Hell?

l.161 *feel theirsels wannert:* 'Theoretical physics in an important sense cannot be understood by anyone' (R. L. Gregory, *The Intelligent Eye*, p. 51). (G)

l.163 Robert Fergusson died in Edinburgh's Bedlam, former headquarters of the Darien Company. (G). See note on 'To Robert Fergusson', l.161.

l.174 MS: 'aureate' instead of 'continuous'.

l.185 MS: and yet has nerves to feel, thrapple to howl.

l.196 MS: a lang and dowie stent it seems, nae dout.
l.203 *antisyzygy:* see note on 'Ane Guid New Sang'.
From l.253 there is a cancelled passage in the MS:

> or music's sell whan thirlit til a time
> signature wi the bar-lines' steidie pace
> aye mairchin on, the fiddlers keepin place
> minim by minim, the conductor's beat
> keepin a firm haud on the obstinate bass
> that plods the grund ay wi the same repeat
> in common time alang the (calsay) common street,
> while the chorale in aureat grandeur sings
> Anthony's glory – (aye, man, that's a treat.
> Yet here's a botch. Whan famous Elgar thrings
> Gerontius at extremest speed of angel wings,
> eftir his hairt is still, tak Newman's word
> for that ...) aye, man, that's a treat
> wrocht humanly o time. Nou here's a thing
> I canna sort, that geynear gars me greit,
> my ignorance o what the Great Pipes sing:
> yon's a sound-barrier I canna thring
> for lack o something I just dinnae hae.

(But I gather that it makes something of time without stepping along from bar to bar. It might be the only music feasible in Hell (or Heaven). But in Dante's Hell, or the way there, the devils could flap their wings in time to music. And in Gerontius, though he says 'I hear no more the busy beat of time', the conductor keeps his baton going.)

l.281 In his account of Fergusson's life, Matthew MacDiarmid cites Pinkerton's description of Fergusson's arrival in Bedlam, including the remark that 'upon Fergusson entering the door he set up a strange hulloo, which, in the instant, was repeated by the miserable inhabitants of all the cells in the house'. Fergusson died in 1774, a month over the age of 24.

1.343 Charles Wilson (1869–1959) was a Scottish physicist who devised the cloud-chamber for making visible the paths of electrically charged particles.

1.495 MS: But aye the kirk hauds doun an unco dour
ll.503–5 MS: bumms the kirk's pedal-note, and aye, we ken

> it has a human soun. No by God's pen
> thir practicable note was ever scrievit.

l.509 Julien Benda (1867–1956) was a French philosophical writer best known perhaps for *La Trahison des Clercs* (1927).

Disparplit (1955)
The last line has various cancelled versions in MS:

> – and al our tendirness is wede awa
> > – tined is al tendirness, as yesterday ...
> > – nou lat our hairts be dour, gin but they may ...

Property (included in *Chuckies on the Cairn*)

1941 (1.5.67)

Hysteria (8.12.74)

Malaria (25.5.76)
In MS the final period is deleted.

Letter from Italy (included in *Chuckies on the Cairn*)

Nativity (1943)

Faustus Afore Act I Scene I (24.3.65)
l.4 Valdes and Cornelius are 'friends to Faustus' in Marlowe's *Doctor Faustus*.

Doktor Faust in Rose Street (15.2.71)
Rose Street, a narrow street with many pubs, runs parallel to Princes Street.
In MS the poem ran on without division: at the end, beside the date, is: 'separate stanzas'. In parts of the MS there is a first person narrator, e.g.,

> It happent I sat there, ablow the likeness
> of Hugh MacDiarmid, in the ferdest neuk
> frae Doktor Faust. I had a richt guid luik
> at him, but spak nocht, frae politeness,
> kennan he three'd his weird intolerable,
> and yet I caught his ee. And he in Hell
> seemed to hae rue on me in my ain toun;
> compaired to him, I thocht, I am coost doun
> intill the Sump. He's mainaging richt weill.

This is all scored out and the note added: 'change to F's point of view'.
ll.36ff: two cancelled MS stanzas, following the printed seventh stanza, run:

> Sae times, it seems, gae on frae bad til worse.
> Dumfoundit, Doktor Faust hears the elite
> of Edinbro (students, by definition) bleat
> like their dads' yowes in protest gen the girss:
> naethin will mend it, bar the Revolution.

> The Doktor hauds his tongue; the commonalty,
> educat, subsidised, but no suppleed
> wi intelleck: the state, it seems, has gied
> aa things forbye. But the reality
> juts out: this legion's no approachable.

l.38 *shares:* this refers to a controversy over Edinburgh University's holding of shares in a company with interests in South Africa.
l.43 *yoch:* obsolete letter sounded like *y*, often wrongly represented by *z*, as in *Menzies*. (G)

Weill-Met in Buchan (10.11.69)
MS has a fourth verse, deleted:

> I spier'd him gin he'd gree to gie's his crack,
> seean it wes some field-wark I wes on,
> caa cannie while I held the microphone,
> and tak tent no to coup me frae his back.

The last line is adapted from that of 'The Puddock' by J M Caie. (G)

nae fat they eest to be: not what they used to be, the spelling indicating a North-east pronunciation.

Coolin-aff

St Andrew's House (1939), just east of Waverley Station and just south of Calton Hill, on the site of the old Calton Jail, contained the main civil service departments of pre-Devolution Scotland.

On Calton Hill stand various 'follies': the former City Observatory (1776), the Nelson Monument (1816) in the shape of an inverted telescope, a newer observatory (1818) by Playfair modelled on the Temple of the Winds, a monument to Professor Dugald Stewart (1831, again by Playfair) modelled on Lysicrates' 'Lantern of Demos–thenes' in Athens, and the fragment of a National Monument begun in 1822 as a copy of the Parthenon, but abandoned through lack of funds. The latter has been known as 'Edinburgh's Disgrace' but many think that the incomplete version is more striking than the completed one would have been.

By the Young Poet ... (1.7.71)

Oil Strike? (6.12.72)

Garioch wrote to Sydney Tremayne (18.12.72): 'Here is my "Oil-Strike", not a badly constructed effort, though not much else ... those petrol tins did leak all over the sand. And the Saint Sunniva (Leith to Aberdeen) was all I could afford. And that early novel – a load of tripes, ole boy, full of Social Credit and Antizygy (*sic*), written in those callow days when I still thought Hugh MacDiarmid was a poet at least as good as Eliot and Pound and a Scotsman to boot.'

MS: deleted third stanza:

> When I survey the shelves of our library
> dusting those hundreds of copies of *Jephthah*
> all silencing one another, crowded, unsold,
> oozing, at least in metaphor, with midnight oil,
>   I sometimes think ...

Twa Fuils (?Feb, Mar, 1967)

The Nostalgie (5.1.48)

Myself when Old (26.11.47)

The Revenant (3.5.67)

Perfect (21.10.70)

To a friend (who wished to remain anonymous for the purposes of *A Garioch Miscellany*) Garioch wrote (11.12.70): 'That wood-polishing poem turned out better than I expected, at least it pleases people a good deal at poetry-readings, which is something to go by, though there is a lot more to it, of course. It is easy to follow and repetitive, so easy to take in at one reading. I went to a Nelson Hall concert and admired the gloss that some Corporation painter had got on the panelling, and that started the thing off. I don't really know about polishing and staining wood, but my father knew a lot about it, and there is plenty of information about it in one of his books that is still in the house. He made two violins and varnished them beautifully. One of them is considered to have a pretty good tone, very good, in fact, by people who know ...'

For Translation into the Gaelic (26.8.68)

Keep aff the Girss (Aug. 1973)
MS: between ll.1 and 2 but deleted:

> sae, if ye're luikan fir Inch Garvie, ye find a rocky island,
> a gret convenience if ye ken the Gaelic
> and can adjust yirsel til anglicised orthography.

MS: between ll.13 and 14 but deleted:

> The best ye cuid dae
> wes a kinna equivalent fir *Keep Out*
> that sounit like *Fan a mach a sho*,
> a braw set of vocables,
> bit a gey hauf-hertit ban, it appears.

Twa Festival Sketches (1.9.71)

Frae 'Dain do Eimhir'
Sorley Maclean's *Daim do Eimhir* came out in 1943.

The New Bairn (included in *Chuckies on the Cairn*)

Our Big Beenie (11.3.65)
The last line is borrowed *verbatim* from Wilson's *Lowland Scotch* (G)

Mune-Gyte (1958)

Ane Offering for Easter (7.7.62)
ll.9 and 13: the rhyme, Garioch, Oddanbeery (this word invented by Sydney Goodsir Smith) makes emergency use of the Aberdeen pronunciation. (G)
MS note: 'Queen Street Gardens 7.7.62, a sunny day.'

Glisk of the Great (9.3.59)
l.1 N B Grill: the restaurant of the North British Hotel. The hotel, at the junction of Princes Street and North Bridge and immediately above Waverley Station, dominates the east end of Princes Street. For reasons not perhaps clear to the local citizenry, the N.B. Hotel is now called The Balmoral Hotel.
In the MS ll.12–14 attempt a very different conclusion:

> For my pairt, I'm abaysit. I'm nae slee
> makar; whatever pouers I hae are dwining,
> or I wad unnerstaund his tragedy.

These are cancelled and replaced by the printed conclusion.

Queer Ongauns (16.7.60)

I'm Neutral (9.5.62)

Heard in the Cougate (29.9.62)

Did ye see me? (22.9.62)

And they were richt (22.9.62)
'Ane Tryall of Hereticks', dramatised from Fionn MacColla's prose book, was performed in the Paperback Bookshop, 1962. (G)

Festival 1962 (6.10.62)

I was fair beat (10.10.62)

Merulius Lacrymans (13.1.63)
Merulius Lacrymans is dry rot.
ll.9–12 MS (cancelled):

      i) Onie weak spot will dae me. Man, I'm no
        fykie, it's aa richt, I've nae sense of shame.
        Gie me a wee-bit slochner. I can tow
        my water-warks alang wi me. My name?
      ii) Onie bit weakness whaur the rain may flow,
        (or trickle, even, ach! it's aa the same:)
        or slochen, even, and it's aa the same
        I'll souk dry flairs frae under ye, and tow ...

At Robert Ferguson's Grave (16.2.63)
l.14 It was Robert Burns who had a stone put on Fergusson's grave, with the following verse:

      No sculptured marble here, nor pompous lay,
      No storied urn, nor animated bust;
      This simple stone directs Pale Scotia's way
      To pour her Sorrows o'er the Poet's Dust.

The stone was erected by an architect called Robert Burn, and in a letter of 1792 Burns points out that 'He was two years erecting it, after I commissioned him for it; and I have been two years paying him, after he sent me his account; so he and I are quits ... considering that the money was due by one Poet, for putting a tomb-stone over another, he may, with grateful surprise, thank Heaven that ever he saw a farthing of it.'

Rullion Green Tercentenary (23.12.67)
Ruiion Green: on 28 November, 1966, a service was held on the battlefield in memory of Covenanters killed in the fighting, hanged as prisoners or shipped as slaves to Barbados. (G)
MS note: 'The occasion 28.11.66 before sunset, on a trip with Forbes MacGregor.'

Elegy (23.5.64)

Heard in the Gairdens (13.3.65)

Whit wad Verdi say? (13.3.65)

In his interview with Donald Campbell (*Cencrastus* No. 6, Autumn 1981) Garioch recalls: 'Adrian Secchi and I had been writing this thing together – *The Laird of Dreep-daily* it was called, a ballad opera. Secchi wrote the music for it, very good music too – except the finale was a bit too much for him, I think ... Anyway, we were singing the tunes over to each other, in a pub – Milne's Bar, it was – and they started shouting at us! Nae singing in the bar! It was actually Secchi's title – what would Verdi say? What, indeed?'

Notebook Three contains only the first page of a libretto involving the said Laird.

In Princes Street Gairdens (28.5.66)

A Wee Local Scandal (8.3.67)

l.2 George Square dates from the mid-1760s, the builder, James Brown, naming it after his brother George. It was the first substantial development outside the Old Town. Edinburgh University demolished most of the square in the 1960s – a process delayed, but not prevented by a vigorous protest campaign – leaving only parts of the east and west sides. The David Hume Tower (1963), on the south-west corner, houses the Arts Faculty.

l.7 *Meedies:* The Meadows, at one period referred to as the Mall of Edinburgh, was once the Borough Loch. It was partly drained and laid out as a park by Thomas Hope (1722), hence the older name of Hope Park. The adjoining Bruntsfield Links was one of the first golf courses, and the Golf Tavern one of the city's oldest pubs. Before 'development' the whole area was known as the Burgh Muir, useful for the rallying of armies or the banishment of plague victims.

l.9 *David Hume:* regulations required Hume's exclusion on religious grounds. (G)

l.14 *Cleghorn:* William Cleghorn accepted the Chair of Ethics and Pneumatical Philosophy at Edinburgh University in June 1745.

Dae it Yersel (8.9.63)

A True Story (July 1962)

The Byordnar Theorik of *Sibness* (29.4.65)

Oxygen Speaks (5.6.73)

The Cube (5.11.74)

MS title: 'The Necker Cube'. The MS version has seven stanzas. The first two are deleted:

> Gode sink this Deevil's get, the Necker Cube,
> and baith its metamorphoses, in Hell,
> to vex the imps and garr them tine their nerve!
> I wunner whit Gode maks of thon his-sel?
>
> Gode gied folk senses, let them feel at hame
> upon his yird and gree that it is guid
> and tak things as they see them, in guid faith,
> tho Satan seek out weys to send them wud.

The third stanza is the same as the first printed stanza (though an earlier version ended 'syne he faithert Necker'.). The fourth MS stanza is first deleted then restored to stand as the second printed stanza. The fifth is deleted:

> But aa they did wes lauch; they saw the gless
> aa twisty-weys, a sonsy joke, nae cod,
> and kenn'd fine they cuid lippin in their een
> to see the warld strecht, and traistit Gode.

The sixth and seventh MS stanzas then match the printed third and fourth.

A Fisher's Apology (17.6.76)
Arthur Johnstone's Latin affords him an excuse to deave the minister with Pagan arguments, addressing him as *Mysta*, which accordingly has been left untranslated. (G).

Arthur Johnstone (1587–1641) spent twenty-four years in Europe, being for some time a physician in Paris, and on his return was patronised by Laud as a rival to George Buchanan. He was Rector of King's College, Aberdeen, 1637. His Latin verses included metrical versions of *The Psalms* and *Solomon's Song*.

The Hierodules (1954)
Donald Carne-Ross suggested that Pindar might be suited by a medieval-sounding aureation. The hierodules were sacred prostitutes, and Mr Carne-Ross provided this note: 'Pindar is mocking gently at his own ornate style. The women in question danced to the words of the poem after being instituted in the temple by the pious Xenophon, in thanks to the goddess after winning his race.' (G)

Dithyramb (1954)

Proem and Inscription for a Hermes
The last four lines are from the inscription translated by Mr Carne-Ross. (G)

Anatomy of Winter (1954)
l.9 *grue*: 'The flesh is said to *grue* when a chilly sensation passes over the surface of the body, accompanied with the rising of the skin.' (Jamieson) (G)
1.47 *thwankan*: 'applied to clouds which mingle in thick and gloomy succession. Ayrs.' (Jamieson) (G)

Deleted Passage (?Sept. 1968)

Autumn (7.9.68)

Victory (23.9.68)

Ferlie of the Weir (?Sept. 1968)
Apollinaire wrote 'Merveille de la Guerre' shortly before he was wounded in the head, after which he was invalided home, and died on Armistice Day. (G)

A Phantom of Haar (18.9.68)

Lesson (15.1.73)
l.18 *stationer's shop*: its business has changed recently. It sells clothing now. I merely surmise that this is the shop mentioned by RLS. (G)

RLS lived at Heriot Row from 1857 (aged six) until 1880. His father Thomas

Stevenson was a prosperous civil engineer.

The Big Music (29.10.69)
When printed in *The Big Music* this poem carried an epigraph: 'And, ten to wan, the piper is a cockney', from MacDiarmid's 'The Drunk Man Looks at the Thistle'. One could also look further back, to, for example, Fergusson's 'Elegy, On the Death of Scots Music'. Writing to the anonymous friend (22.9.71) Garioch explained how 'The Big Music' was 'the outcome of a visit to a piping competition, it certainly was before 1959, plus an interest I began to have in Piobaireachd (as I *will* spell it, for all the world as though I spoke Gaelic). But the trouble was that I knew nothing about it, and could not tell at what point the tuning-up gave place to the tune. However, I got a piping record, and a BBC book, and felt brave enough to risk the rage of the pipers ... I am assured by people who really know that "Ceol Mor" means Big Music as distinguished from Small Music, i.e., dances and marches. It has not the special meaning of Great, which we all use too much and far too loosely. I think "The Big Music" is more of a success than "The Muir", which is too difficult an attempt altogether, but still is a pretty good try, all the same.'

Ane Guid New Sang (13.12.72)
MS note: 'Gregory Smith, quoted in Hugh MacDiarmid's *The Scottish Eccentrics*, p. 318 – "Perhaps in the very combination of opposites – what either of the two Sir Thomases, of Norwich and Cromarty, might have been willing to call 'The Caledonian antisyzygy' – we have a reflection of the contrasts which the Scot shows at every turn ...".'
    In his *Scottish Literature: Character and Influence* (Macmillan, 1919), Gregory Smith noted that Scottish literature 'is remarkably varied, and that it becomes, under the stress of foreign influence and native division and reaction, almost a zigzag of contradiction'. He referred also to the way in which such 'sudden jostling of contraries seems to preclude any relationship by literary suggestion. The one invades the other without warning. They are the "polar twins" of the Scottish Muse'. With help from, among others, Blake, MacDiarmid elaborated this notion into his theory of the 'Caledonian Antisyzygy' in essays such as 'The Caledonian Antisyzygy and the Gaelic Idea', but the idea pervades much of his work, not least the early lyrics and *The Drunk Man Looks at the Thistle*.
l.4 *antisyzygy:* opposite of the near-synonyms, 'abutment, osculation; meeting ... coincidence, etc.' (Roget) (G)
l.50 *ántanagóge:* a figure that consists in replying to an adversary by recrimination, of frequent use in Scotland. (G)
l.52 *antizymicy:* preventative of fermentation. (G)

Buckies
Potter Row Port was one of the old gates.
    In his article 'On Scrievin Scots' of 1933 (see the Introduction, p. xiii) Garioch quotes three of his poems to show different stages in the development of his Scots usage, the first being 'Buckies' with its earlier title 'Buckie-Wife'. He says, 'A hae ettled in the first o them ti describe a wee laddie's adventure frae a bairn's point o view, in the accent o a wee Edinburgh keelie. A'll no say it's juist as bonny a dialect iz

some thit A hae heard; bit thayr it is: A happened ti be brocht up in it, an maun e'en tak it iz A find it.' He continues: 'The second poem belangs ti the transition period, in whilk the growin bairn is warslin awaw wi unkent tongues, an maistly findin it a gey sair fecht.

> TRANSITION
>
> A sit in a braw-built skill,
> wi brawlike Doric pillars abuin ma heid,
> bit the words A read
> are Attic-English, though sair fornenst ma will,
> fir ma teuch Scots tongue gaes cantier ower the rocks
> o the clarty staucherin speech o ma Embro nurse
> than it diz wi the saft sweet sooch o an English verse –
> bit the maister knocks
> wi the sair hard edge o his tawse on ma finger-tips,
> an he gars me mooth smooth verse wi ma Northern lips:
> 'Shades of the prison-howse begin ti close
> Upon the growin boy
> Bit he beholds the light an whence it flows –
> He sees i' in his joy,'
> 'What's that he sees, young man?' the maister says –
> 'Itt, Sir' – the bluid burns dirlin in ma face –
> bi' the bell sterts ringin, ringin, an A've gey suin fun ma feet
> in a bonny stoory gu'er, playin fi'baw in the street!

The third poem is written in the mair ir less mature style o a man whaw hiz widened the scope o his vocabulary through contact wi ither local dialects, an wi Standard English works; the hale bein in a measure unified bi the original accent o the individual, whilk maun modify the orthography ti some extent.' This third poem is 'Modern Athens.'

> MODERN ATHENS
>
> The waves o the toon wallow in broons an blaes
> owre siven hills, yince bonny eneuch, nae doot;
> they caw'd it Modern Athens in Ruskin's days,
> an cluttered the Calton Acropolis up wi loot,
> auld moulit cannons captured the Deil kens whayr,
> an ugly yisless tank, aw rust an scale,
> whayriver they fund an acre ir twaw ti spare
> they biggit on't: a strang, bit daftlike jail,
> a wheen roon huts fir gliffin at the stawrs ...
> Syne in yon public park,
> whit div they dae bit stick a bit o wark
> raxed frae the clean, cauld pagan art o Greece,
> strang, shapefy pillars, even here at peace,
> in aw thon awfy wilderness, twalve nuns,
> pure in thir true proportions, stand apairt,
> frae aw thon birslin fortalice o guns;

apairt frae Burns's wee roon cotton-pirn
(a pepper-pat, some caw'd) an Nelson's butter kirn.

Bit the thing thit A canny mak oot at aw,
as A stare at the hale clanjamphrey,
is the fact thit it dizny offend me avaw,
si noo ye'll jalouse whawr A've cam frae!

A'm telt thit Scotlan's sowl is deid
(barrin the railway posters)
bit A stand on an ugly, bit handy irin brig
thit loups abuin Halkerston's Wynd, whayr the station is noo,
though A canny git leave ti stand fir the thrangs o folk
bizzin aboot that wey, ye'd think ye'd nae richt ti be here;
an ma lugs are deeved wi the din o electric cawrs
melled wi the din an the clatter o brewers' cairts,
the deid, hard dunt o an illshod wheel on the stanes,
an mixtermaxter tined in the hale stramush,
the wheezin reedy tune o an auld blin man
whaw joogles wi yin o thon concerteeny things:
an whiles A hear an unco girnin dirge
scraped frae an auld cracked fiddle yince broken in twaw,
syne clappit thegither an tied wi a hantle o string;
he fiddles awaw wi a jouk o his sunbrunt pow,
twaw legs he his, though yin o them's made o wud,
an he fiddles an driddles awaw, day in, day oot,
aye the same tune: A MAN'S A MAN FIR AW THAT.

Bit here as A stand in the middle o sic a steer,
A'm lowin an lowin wi pride, though A dinny ken why,
(bit an Embro man maun aye be prood o his toon)
A can feel the widdle o lorries an beggars an dirt
tak a grup o ma hert, though hauf fornenst ma will;
wi the swish o the tramway wires abuin ma heid
oot frae the warld o machines A turn ma gaze
through the reeky haze
o the Canogait lums, ti whayr Erthur's sooty hill,
like a lusty weed
blawn ti a brewery yaird, grows green thayr still.
An something gars me ken in ma hert o herts
thit the city mauna be judged bi her Calton rags;
something thit bides in the middle o buses an cairts,
in the roar o exhausts an the peace o the Castle crags,
the noisy poo'r o the new, an the micht o the auld:
it maun be the changeless sowl o the helpless toon
sturrin ma hert, though gye sair hadden doon
ti the stane an lime o a corp owre easy mauled;

> the spirit o Embro thit nae bad taste can kill,
> we maun be prood o Modern Athens still!

Neither 'Transition' nor 'Modern Athens' were allowed into the *Collected Poems*.

Fi'baw in the Street
See Introduction, p. xii.

For the Bloomsbourgeoisie
l.12 Hylas: Theiodamas, King of the Dryopes, attacked Heracles in revenge for the theft of an ox but was defeated. His son Hylas was spared and taken on the voyage of the Argonauts as far as Cios, where he was pulled into a spring by nymphs enamoured of his beauty.

Three Radio Forth Rhymes
Between early 1975 and early 1977 Garioch had a commission to supply a local commercial radio station, Radio Forth, with a weekly set of verses. He wrote a whole century of them and although he referred to them as 'doggerel' and 'just for fun' he clearly enjoyed the challenge: the verses were written not to be read but to be heard and heard once only. He included these three Radio Forth Rhymes in his *Collected Poems* as samples; others were sent to friends in letters, e.g., nos 1, 4, 96 and 98, to be found in *A Garioch Miscellany*, pp. 62–3, 69 and 70–1.

An Alabaster Box (23.3.73).
MS title: 'I'm aa richt, Jack!' (Edinburgh Sonnet 23).
l.5 *Ess Oh:* the registration number of the Lord Provost's limousine, SO.

Speech (25.3.69)

Yellie Howker (27.9.68)

Nemo Canem Impune Lacessit (15. 3.73)

Calling All Hypocrites (Oct.–Nov. 1970)

Scottish Scene (1.4.69)
In MS the poem is set out in separated couplets.

Bingo! Saith the Lord (4.11.69)
l.25 *Tam Dalziel:* see note on 'Rullion Green Tercentenary'.
MS between ll.34 and 35, but deleted:
>   I wrocht, strechtforritly and underhaund,
Sonnet (29.5.68)

Ten Couplets (5.3.67)
MS: a group of fourteen couplets entitled 'To Hugh MacDiarmid'. Instead of the fifth and sixth as printed the MS has:
>   Gin we're as unsad as aa that,
>   whit wey dae we no sing a bit less flat?

>   Hae we ever been wantan effectual grace
>   to keep ane anither in their place?
The ninth couplet in the MS is:

> Whit wey is't, our best makar shuid
> be sic an enemy til the guid?

Then the last four, addressed to MacDiarmid, run:

> Ye ken'd the ice-age, we maun mind,
> geynear hauf a century syne.

> Here's our encouragement, your wark
> staunds as ye made it, strang and stark.

> Here are your poems for us to read
> as they cam (maistly) frae your heid.

> And, reading them, we ken, forbye,
> whit no to dae, and whit to try.

A note against the second last stanza reads: 'Better suppress this: a pity though.'

Fable (21.10.69)
The MS of 'Fable' is in Notebook Four; in Notebook Three there is a prose note:

Puzzle – Find the Moral

Two mice angrily talking about a rat that is keeping them from getting at some nice new food that has suddenly arrived in great quantity. Also their dwelling place is unusually convenient and the rat prevents them from enjoying it. But as they talk, nine cats are just about to come in. Also the food is warfarin, and the building is due for demolition tomorrow.

The Plague (20.10.69)

A Matter of Life and Death (8.11.69)

Dreary Circle (14.9.72)

Scunner III (2.9.64)
MS title: 'LINES, Screivit in the S.M.T. on the Wey to my Wark.'

They that are Seik (Aug. 1961)

Owre Weill (27.10.61)
MS note: 'to *Glasgow Herald* but rejected: pub. in *Scotsman*.'

Thor's Oh! (28.4.68)
Origins of the name, Thurso, are discussed in an article in *Scottish Studies*.
Some of these are included here. (G)
l.15 *Thor-size steps:* Thurso has a kind of promenade that descends in two vertical drops which on a less spectacular coast might be recognised as cliffs. (G)
MS note: 'See *Scottish Studies* Vol. 10, pt 2, and Vol. 11, pt 1.'

The Traivler (1954)

Glossary

a conter, on the other hand
aafie, awful
aathing, everything
abaysit, ashamed
ablow, below
abuin, above
adae, ado, going on
ae, one
again-bite, remorse
agin, against
agley, awry
ahint, behind
aiblins, perhaps
aik, oak
aipen, open
airt, direction
aise, ash
alowe, aglow
alsweill, as well
amene, pleasant
anent, concerning
anerlie, only
ántanagóge, see note
antisyzygy, see note
antizymicy, preventative of fermentation
ashet, large serving-plate
atrabilious, melancholious
attour, over
aukwart, turned perversely (against)
auld-farrant, old-fashioned
auntering, adventuring
aureat, gilt (rhetorical)
ava, at all
awkwart, across
awmous, alms
awnter, venture in
ay, yes

aye, ever ayebydand, eternal
ayont, beyond

back-end, autumn
bailie, local magistrate, elected by and
    from the town councillors
bailiwick, area of a bailiff's jurisdiction
bairn-fank, play-pen
bait, adj., beaten
ballant, ballad
bandy-leggit, bow-legged
'*baneless yin*', octopus
bang, n., shock *v.*, overcome
bangster, bully
bannock, flat cake of oatmeal or barley
bap, bread-roll
bare-dowpt, bare-arsed
barm, yeast
bate, beat
bauchle, old shoe
bawr, joke
baxter, baker
beadle, church officer attending on the
    minister
beak, headmaster
bedeen, forthwith
bee-baw (babbety), children's song
beek, beik, bask
begood, began
begowk, cheat and mock
behaudit, (were) beholden (to)
beik, beek, bask
bejan, first-year student
beld, bald
belth, bellow
ben, (at) the far end (of); n., mountain
benmaist, utmost

bent, heath, hillside
benyng, benign
bere, barley
beryall, precious, like beryl
besom, broom
bestiall, farm animals
bevvy, small drink
bicker, strife, noise
bide, stay
bield, shelter
bien, healthy, cosy
big(g), build
bigsy, conceited
billie, brother, crony
binna, except (for), beyond
birl, revolve rapidly
birs(l)e, scorch
birssy, bristly
bistayd, surrounded
blackie, blackbird
blae, livid, blue
blaffert, blown
blaister, blast
blate, shy
blawp, heave up water
bleb, blister
blether, talk idly
blink, ignore
blinlans, blindly
blinter, blink
bock, vomit
bodach, old man
boddum, bottom
boden ... weir, in warlike array
bodle, twopenny piece
bogle, ghost
boss, adj., hollow, shallow
bot, without
bothy, lodging-hut
boun, v., make one's way; prepare *adj.*,
    ready
brae, hill
brainge, breenge, rush
brattle, clatter
braxy, bad or inferior meat
brechan, horse-collar
breenge, brainge, rush

breerand, germinating
breme, furious
brenn, burn
brent-, quite-
brig, bridge
brog, v., prick
broozle, crush, overwhelm
brose, oatmeal with hot water or milk
browden, favour
bruckle, frail
brulyie, (em)broil
bubblyjock, turkey
buckie, whelk
buggs, bugbears
buirdly, sturdy
buller, n., cliff-top hole through to the
    sea; *v.*, flow noisily
bulloxt, messed up
bumbaze, stupefy
burroo, employment exchange
busk, adorn
bussels, bushes
but and ben, two-roomed cottage
but-gif, unless
byordnar, special

caa, move, dance, shove
cailleach, old woman
cairngoim, brown or yellow quartz
cairte, card, papers
callant, young man
caller, fresh, clear
calsay, causey, street laid with setts
calthrop, a form with four spikes
camsteerie, unruly
canny, cautious, knowing
Canogait, Canongate, street in Edinburgh
cantie, cheerful
cantraip, antic
cateran, Highland chief
cauldrife, chilly
caunnle, candle
causey, calsay, street laid with setts
ceilidh, Gaelic musical party
celsitud, heavenly might
chack, stroke
chaffer, haggle

chafts, jaws, jowls
chanter, the melody-pipe of bagpipes
chap, knock
chaumer, chamber
chiel, man
chitter, shiver
chouckie, chucky, chicken
chuckie-stanes, pebbles
chummlin, mumbling
clachan, small village
clagg, clog
claivers, idle talk
clanjamphrie, collection of idlers
clarsach, small harp
clart, sticky mess
clash, talk idly
clatch, dabble
cleck, hatch out
cleek, hook
cleg, horse-fly
cleid, cover
cleik, hook
cleuch, steep place
clinks, money, coins
clockan, clucking
clockin, broody
close, n., narrow passage from the street
    to the common stair of a tenement
clour, knock
clourit, battered
clout, blow
clouts, rags
clype, tell tales ('inform')
cod, delude
coff, buy
cog, wooden bowl
collops, rashers
compeir, appear in court
confab, blether, chat
connach, spoil
conter, a, on the other hand
coost, thrown
coronach, dirge
corrie, hollow in a hillside
Cougait, Cowgate, street in Edinburgh
coup, n., dumping-ground; *v.*, tip, upset
couthie, comfortable

cowclinks, whores
crack, talk
craigs, crags
cramosie, red
cranreuch, hoar-frost
creashy, greasy
creel, basket
creel, in a, in trouble
creepie, stool
creesh, fat
crine, shrivel
crouse, cheerful, chummy
crowpy, (here) croaky
cruddit, curdled
cruive, fish-trap
crusie, lamp
cry, call
cuddy, donkey
cuddy-heels, boot-protectors
cufuffle, to-do
cuif, fool

dab (let), take notice
dad, daud, blow, lump
daff, dally
dander, daunner, stroll
darg, day's work
daur, dare
day-dew, dawn
decoir, adorn (long *oi* as *oh*)
deeve, deafen
deil, devil
deivit, tormented
deliverly, efficiently
deray, disorder
dern, hide
deval, cease
devallit, vanished
dicht, v, dust; *adj.*, adorned
ding, beat
dinger, gae their, go as hard as they can
dird and dunner, (excessive) noise
dirgie, dirge
dirk, n., dagger; *adj.*, dark
dirkin, dusk
dirl, vibrate
discrieve, discryve, describe

disjaskit, worn out
disparplit, scattered
dispitous, full of contempt
div, a form of *do*
doazie, stupefied
docken, weed with large leaves and long
    root (*Rumex*)
dodder, toddle
doitit, stupefied
dominie, schoolmaster
donnert, very stupid
donsies, fools
dool, sorrow
dorty, sulky
dou, pigeon
douce, sweet
douk, dive, bathe
dour, hard, intractable
dowfart, deaf person
dowff, deaf, dull
dowie, gloomy
dowp, tail-end
dozent, stupefied
draff, refuse of malt after brewing
dree, endure
dreich, wearisome
dreip, drip, silly person
drouk, soak
drouth, dryness, drinker
drumly, turbid
dub, puddle
duds, rags
dule, sorrow
dunschin, banging
dunt, bump
dwine, *dwyne*, decline
dyvour, bankrupt

ear, *ere*, early
echt, eight
een, eyes
eenow, forthwith
eik, join
eith, easy
eld, age
elevent, eleventh
emmlins, innards

enarmit, armed
endive, envy
endlang, along
eneuch, enough
ere, *ear*, early
ettle, attempt
eydent, eager

fae, foe
fand, found
fankle, tangle, entangle
fanklit, trussed-up
fash, vex(ation)
faur ben, chummy, well-informed
fause, false
fawen, fallen
feart, afraid
fecht, fight
feck, big quantity
fell, very (much)
felloun, cruel
fend, protect
fenyit, false, unreal
fere, demeanour
ferlie, marvel
fesh, fetch
fettle, put right, gird
feued, on which feu-duties have been
    paid
fey, fated
fient, not any
fier, comrade
fikefacks, minute pieces of work causing
    considerable trouble (Jam.)
file, defile
finger-nebbs, finger-tips
fipple, whimper
fireflaucht, lightning
firk, break wind (Sir T. Urquhart)
firtae, (for-to), in order to
fissle, fuss
fitt-note, foot-note
flagstane, flat paving stone
flair, floor
flauchter, flicker
flear, *fleer*, taunt
fleckert, partly skinned

fleean, flying; drunk
fleer, flear, taunt
fleetch, entreat, flatter
fleg, fley, frighten
flichteriff, unsteady
flichtie, flickering
floichen, big flake
flumes, streams
fly, clever, smart
flype, turn inside-out
flyte, quarrel, rail
foazie, soft, rotten
forbye, besides
forcy, powerful
forenenst, fornenst, opposite
forfairn, exhausted
forhowit, deserted
forleit, abandon
fornenst, forenenst, opposite
forpit, quarter-peck
for-thy, therefore
fou, drunk
foul-farren, evil-looking
founert, done-out
fouthie, fouthy, well-supplied
fouth, fowth, plenty
frane, demand
freir, friar
freith, froth
fremmit, foreign
frien, friend
frore, frosty
frosnit, frozen
frottan, chafing
frow, lusty female (Jam.)
frusche, brittle
fudder, burden
fuffle, violent exertion
fuil, fool
fulyie, filth
furthgangan, living elsewhere, expatriate
fusionless, without strength
fyke, fuss
fyle, defile

gab, appetite
gaffer, foreman

gair, grassy path
gait, way
gait, goat
gall, abnormal fungus-induced growth on a plant
gallowses, braces
gallus, perky
galore, in great plenty
gang, go
gant, gape
gar(r), cause to
gash, v., talk loudly; *adj.*, ghastly
gawp, gulp
gee, tak the, become unmanageable
genty, elegant
get, child, brat
gey, very
geynear, almost
ghillie, retainer, servant
gie(n), give(n)
gieze, give me/us
giff-gaff, as in a contra account
gimmer, ewe not more than two years old
gin, if
girn, cry
girss, grass
gizintie, 2 goes into 4, etc.
gizz, wig
glaikit, foolish
glaum(e)r(ie), glawm(e)r(ie), magic
glaur, soft mud
glede, gleid, flash
gleekin, fault-finding
gleg, sprightly, quick
gleid, glede, flash
glisk, glimpse
glit, ooze
gloamin, twilight
gloir, glory (long *oi* as *oh*)
glowre, glare
glunch, to look sour or glum
goave, stare vacantly
gorroch, spoil by stirring
gowd, gold
gowff-baa, golf-ball
gowk, cuckoo, fool

gowl, n., hollow between hills; v., complain loudly
gowp, gulp
gowpan, gaping
graith, n., gear, etc.; soapsuds; v., make ready
greit, cry
grippy, greedy
gruch, grudge
grup, grasp, grip
gru(z)e, shiver
grugous, gruesome
grumphie, pig
gud-brither, brother-in-law
gud-syr, grandfather
gudwyf, mistress of the household
guffie, stinking; garrulous
guid-gaun, good-going
guid-heill, good health
gully, big knife
gulravaged, ransacked
gurliewhirkies, nameless terrors
Guse Dubs, goose-ponds
gust, relish
gyiss, masquerade
gyte, mad

haar, mist
habitakle, dwelling-place
hadden-doun, oppressed
halt, speech impediment
haims, hemms, iron fittings to horse-collar; in general, yoke
hain, save
hairst, harvest
haiveral, nonsensical
halflin, very young man
hameil, homely
handsel, gift
hank, skein, loop
hanlawhile, short time
hantle, fair number
hap, cover
hap-schackellit, hobbled, e.g. leg to head
harl, drag, scrape
haims, hemms, brains
hartsome, spirited

harum-scarum, happy-go-lucky
hash, smash
haud, hold
haud ... wheesht, hold tongue, keep quiet
hauf-gaits, halfway
haugh, flat ground by a river
haun, hand
haunnle, handle
haver, talk nonsense
hawse, throat
hazel-raw, lichen
hechs and howes, hills and dales
heeze, raise
hehin, pipers' time measure
Held-yin, Top-person
heize, haul
hemms, haims, brains
hership, plundering, ruin
heuch, steep place
heuk, hook, sickle
heyst, raise
hicht, height
hiddie-giddie, topsy-turvy
hiddle, hide
hingan-shaw, gallows-tree
hinnie, honey
hirple, limp
hirsel, herd, flock
histe, hyst(e), lift up
hiz, hiz-yins, us
hoast, cough
hobland, hobbling
holidays, bits missed (naut.)
horny, policeman
howe, hollow
howff, favourite haunt
howk, dig
hule, husk
hurdies, buttocks
hurl, push
hyne, hence
hyst(e), histe, lift up

ilk(a), each, every
ilkane, each one
ill, hard, difficult
ill-faur'd, ugly

ill-sair'd, unlucky
ill-yaised, ill-used
ingain, entrance
ingle, corner, nook, hearth
ingyne, mind, cleverness
inkerlie, earnestly
intertenyment, maintenance
inwit, conscience

jalouse, guess, deduce
jeelie, jelly
jeelt, frozen, congealed
jeest, joist
jimp, slender
jink, dodge
joater, wade in mire (Jam.)
jouk, duck, dodge
jow, ring, toll, rock
jowan, jawing
jumm, boom
jurmummil, muddle
jyle, jail
jyned, joined

kail, cabbage
keb, ked, sheep-tick
keek, peep
keelie, keellie, lout
keelivine, pencil
keeth, kythe, (reveal in a) glimpse
kelter, struggle violently (Jam.)
kennlin, firewood, kindling
kenspeckle, familiar
kep, catch
kimmer, cummer, godmother, gossip
kink, convulsive cough, gasp
kinna, kind of
kirsen, christen
kist, chest
klimp, clasp
knap, chop
k'nock, clock
knowe, knoll
kye, cows
kyle, strait, narrow stretch of water
kyte, paunch
kythe, keeth, (reveal in a) glimpse

kythin, glimpse

ladylander, ladybird
laigh, low
lairick, laverock, skylark
laith, loath
laitheand, disgusting
lane (her), by herself *(by its)*, by itself, unaided
lang-nebbit, long-nosed, acute in understanding
langsyne, long ago
lappits, flaps
laroch, ruinous site
lauch, laugh
laun, land
lave, rest
laverock, lairick, skylark
leal, faithful
leam, gleam
lear, learning
learie, quick to learn
leear, liar
leevin-space, living-space
leid, 1. language, 2. lead (metal)
leifsome, licit, desirable
leir, learning
leisor, leisure
leister, salmon-spear
leman, sweetheart
leme, gleam
lenn, loan
let dab, take notice
levan, adj., living
levin, n., living; lightning
lib, castrate
lichtlie, v., despise; *adj.*, lightly
liefer, rather
liefsome, dear
liefu-lane, all alone
lift, steal
ligg, lie
lily-leven, flowery meadow
link, torch
lippen, trust
lirk, crease
lither and loun, calm and quiet

lither, lazy
loon, boy
loppert, curdled
loup, leap
lourd, heavy
lowe, glow of fire
lown, full
lowre, lurk
lowsan-time, unyoking (lit. or fig.)
lowse, free, loosen
lucky, abundant
lued, loved
lug, ear
luift, lyft, sky
lum, chimney
lumes, vessels, containers
lunyie, loin
luttaird, bowed
lyft, luift, sky
lykerus, eager to enjoy

maen, moan
Mahoun, Satan
maik, match
mang, many, heaps of
mansuetud, gentleness
mappamound, map of the world
marra, mate, equal
mauchie, filthy
mauchless, feeble
maun, must
maut, malt
mazer, drinking-cup
meisor, measure
mell, mix, meddle
mense, sense, dignity
messan, mongrel dog
met, measure
mirk, darkness, gloom
mirligoes, objects dancing before the eyes
mishanter, misfortune
moniplied, manifold
moniplies, coiled intestines
mool(s), earth on a grave
morn (the), tomorrow
morn's morn, the, tomorrow morning
mowdert, mouldering

muckle, big, much
mummlan, mouthing
murl, crumble
murn, mourn
musardrie dreaming
myng, mingle

nab, catch
namekouth, famous
nappie, sleep-inducing drink
natter, chatter peevishly
neb, nose
'negroscoptic', hygroscopic
neive, nieve, fist
nesh, delicate
neuk, corner
nickit, stolen
nieve, neive, fist
nirlin, pinching
nithert, chilled, pinched with cold
nocht-for-thy, nonetheless
nock, clock
nor, than
nowt, black cattle
noy, harass
nyaff, a good-for-nothing

ocht, anything
on-ding, downpour
ongauns, goings-on
oniegait, anyway
onwittand, not knowing
oorie, bleak
or, before
orfeverie, goldsmith's work
orra, odd
outwail, reject
owerhale, overwhelm
owre, over
owrefrett, decorated
owsen, oxen

painch, paunch
pandores, large oysters (see note)
papple, boil like porridge
paracentesis, operation for dropsy
paregall, equal

parritch-spirtle, porridge-stick
pash, n., head; *v.*, knock violently
pat-heuk, stroke in writing
pauchle, move feebly but persistently
pawmie, a stroke on the palm
peat-bree, peat-stained water
pech, pant
peeg-cruive, pig-sty
peelie-wallie, sickly
peerie, spinning-top
pend, long low arch, usually an entrance
    to a courtyard
perjink, neat, clean
Pictland Firth, Pentland Firth, between
    Caithness and Orkney
pifferan, trifling
pik, pierce
pinkie, little finger
pith-of-maut, (here) malt extract
plack, a third of an English penny
plagium, kidnapping
plainstane, flagstone
plenishin, furniture
plente, complaint
plewed, failed, rejected
pliskie, naughty trick
plookie, pimply
plot, pluck
plottit, steeped in hot spicy drink
plouter, splash
ploy, harmless frolic
poax, smallpox
poke, bag
pomas, pumice
pony, small glass
potigaries-luckenbooths, chemist-shops
pottie, putty
pouchit, pocketted
poupit, pulpit
pour-out, ha'pennies thrown to children
pouther, powder
pow, head
preclair, supereminent
pree, try, sample
preen, pin
preis, praise
prieve, prove

prig, entreat
proficiscere, i.e., prayer for the dead
puckle, little
puddock, frog
pued, pulled
puirtith, poverty

quate, quiet
quean, woman
quey, cow
quo(d), said

ragment, list
raip, rope
raird, roar
raith, sudden
rammie, rammy, free-fight, commotion
randy, unruly, lecherous
rang, row
ratton, rottan, rat
rax, stretch
ream, overflow
red, put in order
reek, reik, smoke
reesle, shrivel
reflater, see note
regraiter, see note
reichel, set of tunes
reik, reek, smoke
reive, rob
reiver, Lowland thief
remeid, remede, remedy
repone, reply (leg.)
reuch, rough
rewth, pity
rig, furrow
rigg-bane, spine
riggin, roof
ripe, rype, ransack
roseir, rose-bush
rosit, resin
rottan, ratton, rat
roun, whisper
roust, current
routh, rowth, plenty
routt, crowd
row(e), roll

rowt, bellow
rowth, routh, plenty
rugg, tug fiercely
ruiff, roof
rush-fever, scarlet fever
rype, ripe, ransack

sad, serious
sair, v., serve; *adj.*, sore
samyn, same
sark, shirt
scab, idea-borrower
scad, scald
scant, a, hardly a
scart, scairt, scratch
scaur, steep place
scauth, harm
sclate, slate
sclimm, climb
scoot, diarrhoea
scrauch, screech
scrieve, write
scrim, a kind of thin canvas
scrog, stunted tree
scunner, disgust
sea-maws, sea-gulls
seelie, simply
seenil, seldom-met, distinguished
seignory, assembly of the great
seind, synd, rinse
semmit, undervest
sen, since
sey, woollen cloth
shacht, lame
shair, sure
shairn, excrement
shanks, legs
shauchle, shuffle
shaw, wood
shelty, small horse
shilpit, meagre, weak
shoo, sew
shote!, look out!
shougle, shake
shouther, shoulder
shuin, shoes
sib, related

sibness, relativity
sic, such
siccar, sure
siclike, suchlike
siller-howkan, money-earning
sinnon, sinew
siver, syver, grating over a drain
skail, spill, disperse
skaith(fu), harm(ful)
skar, take fright
skeely, skilful
skeich, startle
skellie-ee, squint eye
skelp, spank
skink, drink
skinkle, sparkle
skire, sheer, bright
skirl, shriek
skite, slide
skliddert, slid
skreed, (contemptuous) large number,
    fabrication
skriek, shriek, squeak
skug, shelter
slaik, lick
slap, n., a way broken through; *v.*, to
    break through
sleb, pout
slee, sly, skilful
sleekit, sly
slidder, slippery
slocher, sloven
slocken, slake, moisten
smaa-buikit, lean
smatchet, tiny person
smeddum, mettle
smit, contagion
smool, fascination
smo(o)rit, smothered
smuik, smoke
smulie, falsely-smiling
snab, cobble
sneckie, bolt
sned, lop
sneeshin-mull, snuff-box
snell, bitter cold
snirk, snort

snockrin, neighing
snod, well-appointed, neat; comfortable
snoove, move smoothly and quietly
snottard, dripping-nosed
snowk, inhale
sonsie, healthy-looking
sorn, live at someone else's cost
sort, put right
souch, sigh
soum, swim
sowther, (here) appease
spang, leap
spate, flood
speil, climb
speir, *spier*, ask
spense, larder
splairge, splash, spill
spleuchan, pouch
splore, frolic
sprent, sprinkled
spunk, tinder
staig-chiels, stable-boys
stammick, stomach
stank, n., pool, ditch; v., pres., gasp; v. past,
    as in English
starn, *stern(e)*, star
staucher, stagger
stech, cram, stuff
steek, *steik*, shut fast
steeve, v., fill full; adj., firm
steid, place
steik, *steek*, shut fast
steir, hurly-burly
steirin, stirring, moving
stell, support, secure
stent, stint
stey, *stie*, steep
stickit minister, a licentiate who never
    gets a pastoral charge
stiddy, anvil
stie, *stey*, steep
stirk, bullock
stishie, *stishy*, violent motion
stot, bounce
stoun(d), n., pain; v., stun
stour, n., dust; v., run fast
strampit on, trampled on, walked over

strath, river valley
stravaig, go about
streikit, stretched
stricht, immediate
strone, pee
stuir, dust
succoure, rescue
suin, sun
sumph(ie), simpleton
swack, gust
swaird, sward
swaw, wave
sweal, swivel
swee, swing
sweir, swear
sweirt, unwilling
sweit, sweat
swelt, perish
swipper, nimble
swith, swift(ly)
swither, hesitate
swuff, breathe in sleep
swype, strike sideways
syke, sigh
synd, *seind*, rinse
syne, since, then
syver, *siver*, grating over a drain

taen, taken
tag up, tighten
taigle, tangle
tane ... tither, the one ... the other
tawpie, silly
tawrrie-fingert, sticky-fingered, thievish
tawse, belt
teem, pour
teind, tithe
tent, care
tertian, fever with paroxysms every
    other day
teuch, tough
thae, those
thir, these
thirl, secure; enslave
thocht, thought; (a) somewhat
thole, endure
thon, as *that*, but more distant

thowless, thewless
thrang, busy
thrapple, throat
thraw, twist
thrawn, ill-humoured, obstinate
threpe, *threip*, insist on
thring, thrust
thrums, n., odd ends; v., hums, strums
thrusch, thrust
thwankan, see note
tile, top-hat
timm, *tuim*, empty
tine, lose
tint, lost
tirr, tear
titties, sisters
tocher, dowry
toorie, tuft on bonnet
toozie, untidy
tort, injury (leg.)
tourbillions, whirlwinds
traipse, trudge
trauchle, struggle
trauchlit, troubled
tred(d), trade
trig, trim, neat
trock, smallwares; bargain
tron, weigh-beam
tuim, *timm*, empty
tulyie, fight
tummil, to see through
tumphie, fool
twine, n., twist; v., art
twist, twig
tyauve, n., patient work; v., work patiently

ugsome, loathsome
ulyie, oil
um(qu)(w)hile, former(ly)
unco, unusual(ly)
unctioneer, auctioneer
undeimous, ineffable
undemmit, without fault
unfutesair, unfootsore
unkenned, unknown, unsurmised
unset, unexpected

unsib, unrelated
unsiccar, unsure
unstelled, unsupported
untheikit, unthatched

vaige, journey
vaise, vase
virr, energy

waa, wall
wab, *wabbit*, tired
wad, wed
wadding, wedding
waesom, woeful
wale, choose
wallie jugs, earthenware vases
walter, turn over
wamble, trembling, vibrating
wame, belly
wan, one
wanchancie, unlucky
wanrestfu, restless
wansonsie, mischievous
want, feeble-mindedness
wantan, lacking
war, aware
warsle, struggle
watergaw, stump of rainbow
waur, worse
wayment, lamentation
wean, child
weary, impatient
wechtitud, mass
wechty, weighty
wede-awa, perished
weedie, widow
weill-happit, well-covered
weir, war
weird, fate
wersh, insipid
whang, slice
wheech, sweep along
wheen, few
whigmaleeries, oddities
whinger, a short hanger used as a knife at
    meals and as a sword in broils (Jam.)
whunstane, a lump of hard rock (e.g. basalt)

wicht, man

widdie, gallows

wind-cod, wind-bag

windflaucht, wind-blown

winnock, window

winnock-bar, astragal, sash-bar

wirrikow, frightful object

wirry, strangle

wowfish, approaching to a state of
    derangement (Jam.).

wud, mad

wyce, sane, sensible

yaised wi, used with; accustomed to

yaud, old mare

yaup, yawp, hungry

yerk, jerk

yese, you (pl.)

yett, gate

yill, ale

yin, one

yird, n., earth; *v.,* bury

yle, oil

yoch, see note

youky, itchy

yowe, ewe

yuis, use

yuistae, used to

Published Works

Seventeen Poems for Sixpence (with Sorley MacLean)
Edinburgh, The Chalmers Press, 1940

Chuckies on the Cairn
Hayes, The Chalmers Press, 1949

Jephtha; and, The Baptist
George Buchanan, translatit frae Latin in Scots by Robert Garioch Sutherland
Edinburgh, Oliver & Boyd, 1959

Selected Poems
Edinburgh, Macdonald, 1966

The Big Music and other poems
Thurso, Caithness Books, 1971

Doktor Faust in Rose Street
Edinburgh, Macdonald, 1973

Collected Poems
Loanhead, Macdonald, 1977

Complete Poetical Works
(edited by Robin Fulton)
Loanhead, Macdonald, 1983

Also:
Two Men and a Blanket
Edinburgh, Southside, 1975

A Garioch Miscellany
(Selected and edited by Robin Fulton)
Loanhead, Macdonald, 1986

POLYGON is an imprint of Birlinn Limited. Our list includes titles by Alexander McCall Smith, Liz Lochhead, Kenneth White, Robin Jenkins and other critically acclaimed authors. Should you wish to be put on our catalogue mailing list **contact**:

Catalogue Request
Polygon
West Newington House
10 Newington Road
Edinburgh EH9 1QS
Scotland, UK

Tel: +44 (0) 131 668 4371
Fax: +44 (0) 131 668 4466
e-mail: info@birlinn.co.uk

Postage and packing is free within the UK. For overseas orders, postage and packing (airmail) will be charged at 30% of the total order value.

Our complete list can be viewed on our website. Go to **www.birlinn.co.uk** and click on the Polygon logo at the top of the home page.